高等教育政策与管理研究丛书

主编：陈学飞　副主编：李春萍

二　编
第 3 册

在"高深学问"和"个人知识"之间
——当代大学课程的秩序转型（上）

王一军 著

花木兰文化事业有限公司

国家图书馆出版品预行编目资料

在"高深学问"和"个人知识"之间——当代大学课程的秩序
转型（上）／王一军 著 -- 初版 -- 花木兰文化事业有限公司，
2017〔民106〕
序 10+ 目 2+136 面；19×26 公分
（高等教育政策与管理研究丛书　二编　第 3 册）
ISBN 978-986-485-135-5（精装）
1. 课程研究　2. 高等教育
526.08　　　　　　　　　　　　　　　　　106013530

ISBN-978-986-485-135-5

9 789864 851355

高等教育政策与管理研究丛书
二编　第三册　　　　　　　ISBN：978-986-485-135-5

在"高深学问"和"个人知识"之间
——当代大学课程的秩序转型（上）

作　　者 王一军
主　　编 陈学飞
副 主 编 李春萍
总 编 辑 杜洁祥
副总编辑 杨嘉乐
编　　辑 许郁翎、王筑　美术编辑 陈逸婷
出　　版 花木兰文化事业有限公司
社　　长 高小娟
联络地址 台湾 235 新北市中和区中安街七二号十三楼
　　　　　电话：02-2923-1455 ／传真：02-2923-1452
网　　址 http://www.huamulan.tw 信箱 hml810518@gmail.com
印　　刷 普罗文化出版广告事业
初　　版 2017 年 9 月
全书字数 290162 字

定　　价 二编 5 册（精装）台币 9,000 元　　　　　版权所有 请勿翻印

在"高深学问"和"个人知识"之间
——当代大学课程的秩序转型(上)

王一军 著

作者简介

王一军，南京师范大学教育科学学院教授，南师范师范大学基础教育人才培养模式协同创新中心副主任。研究领域是教育学原理、高等教育学、课程教学论。曾先后担任省级实验小学常务副校长、民办九年制学校执行校长、江苏省教科院基础教育研究所副所长。主持《大学课程与学术文化的协同创新研究》《学校自主发展的国际经验研究》《学术性普通高中建设研究》《日韩教育现代化比较研究》等多项课题研究。主要著作包括《当代大学课程秩序论 —— 在"高深学问"与"个人知识"之间》《儿童文化课程 理论、实践与案例》《现代教育文化自觉中的学校变革》等。

提　要

知识问题是大学课程研究的本体问题，也是探讨大学课程哲学的重要维度。围绕"什么知识最有价值？"形成了大学课程研究的知识本位范式，围绕"谁的知识最有价值？"形成了大学课程研究的社会本位范式。于是"每一个人的知识都有价值吗？"成为新的知识论域，也是新的课程论题。站在历史分析的视角，人类知识旨趣的转变与大学课程演进的存在着共生关系。运用"秩序"这一范畴可以清晰描述大学课程的社会性质、系统属性和实践特征。生成于古希腊知识遗产土壤的大学课程秩序，因宗教的控制和国家的人才诉求得以维持，并从"普遍知识秩序"演变为"高深学问秩序"，在当代历史条件下正在走向"个人知识秩序"。"秩序"基础是制度，用诺斯的制度分析框架，即正式规则、非正式约束以及二者的实施特征，对应大学课程系统中的正式课程、隐性课程与课程实施，形成大学课程秩序的实践框架。在"个人知识秩序"主导的大学课程实践中，学术本位让渡于学生主体发展，"学术自由"的话语局限也就难以彰显大学的自由意义，开始向"发展自由"展开话语转换。研究大学课程的内在逻辑是：由知识问题的本体研究 —— 秩序视角的认识论探讨 —— "发展自由"理念下的实践制度重建，筑起当代研究性大学本科课程的哲学殿堂。当代大学课程开发正从自然状态走向秩序自觉，"个人知识秩序"呈现出研究型大学课程的新意义，即秩序自觉中的学生个人知识建构。

许多专家对本书给予了高度评价。中国高等教育学会会长瞿振元教授认为："我国高等教育在经历世纪之交大改革、大发展之后，已进入质量提升新阶段。王一军博士敏锐地意识到生源多样化条件下大学课程的秩序转型，就课程促进学生个人知识建构进行了系统研究，提出诸多富有启发性的观点，无疑为当前我国大学课程改革提供了一种新的视角。期望该书的出版能对我国大学课程研究发挥积极推动作用。"华东师范大学教育学院副院长阎光才教授则对作者的批判精神与创新意识给予了充分肯定："在高等教育领域，对'个人知识'建构与大学课程间关系的系统性研究并不多见。采取批判性的立场对传统大学围绕'高深学问'所建立起来的秩序、对传统大学中的核心理念'学术自由'等，予以理性的审视和质疑，并大胆提出诸如现代大学课程观应转向'个人知识'建构、服务于学生'发展自由'等这样的学术主张，表明了作者所具有的创新意识、探索精神和勇气。"

序　言

　　这是一套比较特殊的丛书，主要选择在高等教育领域年轻作者的著作。这不仅是因为青年是我们的未来，也是因为未来的大师可能会从他们之中生成。丛书的主题所以确定为高等教育政策与管理，是因为政策与管理对高等教育的正向或负向发展具有重要、甚至是决定性的意义。公共政策是执政党、政府系统有目的的产出，是对教育领域社会价值的权威性分配。中国不仅是高等教育大国，更是独特的教育政策大国和强国，执政党和政府年复一年，持续不断的以条列、规章、通知、意见、讲话、决议等等形式来规范高等院校的行为。高等教育管理很大程度上则是政治系统产出政策的执行。包括宏观的管理系统，如党的教育工作委员会及各级政府的教育行政部门；微观管理系统，如高等学校内部的各党政管理机构及其作为。

　　这些政策和管理行为，不仅影响到公众对高等教育的权利和选择，影响到教师、学生的表现和前途，以及学科、学校的发展变化，从长远来看，还关乎国家和民族的兴盛或衰败。

　　尽管高等教育政策和管理现象自从有了大学即已产生，但将其作为对象的学术研究却到 19 世纪和 20 世纪中叶才在美国率先出现。中国的现代大学产生于 19 世纪后半叶，但对高等教育政策和管理的研究迟至 20 世纪 80 年代才发端。虽然近些年学术研究已有不少进展，但研究队伍还狭小分散，应然性研究、解释性研究较多，真实的高等教育政策和管理状况的研究偏少，理论也大多搬用国外的著述。恰如美国学者柯伯斯在回顾美国教育政策研究的状况时所言：“问题是与政策相关的基础研究太少。最为主要的是对教育政策进行更多的基础研究……如果不深化我们对政策过程的认识，提高和改进教育效果是无捷径可走的。仅仅对政策过程的认识程度不深这一弱点，就使我们远远缺乏那种可以对新政策一些变化做出英明预见的能力，缺乏那种自信地对某个建议付诸实施将会有何种成果做出预料的能力，缺乏对政策过程进行及时调整修正的能力"。（斯图亚特.S.纳格尔.政策研究百科全书，北京：科学技术文献出版社，1990:458）这里所言的基础研究，主要是指对于高等教育政策和管理实然状态的研究，探究其发生、发展、变化的过程、结果、原因、机理等等。

编辑本丛书的一个期望就是，凡是入选的著作，都能够在探索高等教育政策和管理的事实真相方面有新的发现，在探究方法方面较为严格规范，在理论分析和建构方面在前人的基础上有所创新。尽管这些著作大都聚焦于政策和管理过程中的某个问题，研究的结果可能只具有"局部"的、"片面"的深刻性，但只要方向正确，持续努力，总可以"积跬步以至千里,积小流以成江海"，逐步建构、丰富本领域的科学理论，为认识、理解、改善政策和管理过程提供有价值的视角和工具，成为相关领域学者、政策制定者、教育管理人员的良师和益友。

主编 陈学飞

序

龚　放

（一）

在《高等教育研究》创刊 30 周年之时，我曾写过一篇文章，认为课程和教学论的研究是我国高等教育研究的潜在热点，也是高等教育学科发展的新的增长点。从上世纪 50 年代以来，课程研究和教学研究始终是我国基础教育研究的重点所在，进入 90 年代以后，因为"建构主义"和"后现代研究范式"等新理论的引入，更因为新一轮基础教育课程改革和教材更新开始实施，课程与教学论成为教育科学最热门、最活跃、最富多样性的研究领域。与此形成明显反差的是，大学课程与教学的研究却未能在蓬勃发展的高等教育研究领域形成气候。恰如德国卡塞尔大学的 U. 泰克勒教授所云："然而，在高等教育方面，人们却不愿以相似的方式探讨教与学的问题。这种对较少系统化的课程的偏好可能源于教学和研究之间的密切关系。"[1]究其原因，不外乎三条。其一是在基础教育领域，"课程"这个术语意味着教育内容和形式、体系的规划或模型。因此，它往往强调"系统性"和"基准性"等内涵。而经典的、传统的高等教育恰恰反对类似的"系统化"或"基准性"，主张个性化教学和个别性指导。其二，经典的大学，特别是洪堡等创建的德国柏林大学十分强调"教学与研究相结合"，"由科研而达至修养"，强调学生通过独立探索和与教授的自由研讨来掌握新知，提高修养。这一理念对欧美大学，特别是研究型大学的影响很大。德国学者雅斯贝尔斯在《大学之理念》中特别强调："科研

---

1 胡森.国际教育百科全书(第 4 卷) [K].贵阳: 贵州教育出版社，1990: 408.

和教学的结合是大学至高无上而不可替代的基本原则";"最好的科学研究人员同时也应该是首选的教师",尽管他们在讲授方法上可能不尽人意,但他们最具优势和最引人入胜的地方,就在于他们"能够引导学生接触到真正的求知过程,从而也就能够引导学生接触到科学的精神,而不只是接触仅凭借记忆就可以传授的僵死的结果"。[2]注重探求新知、追求真理的意识和能力,而不在意、不讲究教学的艺术与技巧,成为经典大学人才培养的重要特点。其三,大学教师的发展与晋升,很大程度上取决于他们的研究水平和研究成果,而不像中小学教师那样,取决于教学的优秀与效能。这三个因素至今依然在不同程度上左右着高等院校教授学者的思维与行动,从而造成了大学课程与教学研究的欠缺与滞后现象。

我们还应当从大学课程与教学研究对象的特殊性视角来反思这一现象。诚如约翰·S·布鲁贝克所说:"第三阶段教育和高等教育有着低层次学校中碰不到的特殊问题;高等教育研究高深学问。""教育阶梯的顶层所关注的是深奥的学问。这些学问或者还处于已知和未知的交界处,或者是虽然已知,但由于它们过于深奥神秘,常人的智慧难以把握。"[3]确实,中小学的课程及其所蕴含的知识相对简单、普适,容易掌握。而高等教育所传递所探讨的知识,却有极强的专业性。例如凝聚态物理、分子医学、非线性理论等等,没有相应的知识背景,一般的教育研究人员很难入得其门,更别说"窥其堂奥"了。这也是中小学课程与教学论研究持续热门而大学课程与教学论研究鲜有问津的原因之一。在我国,1983 年将高等教育学作为教育学门类的二级学科列入研究生招生目录,但高等教育学的研究生及其导师,往往关注的是大学理念、体制改革、战略规划、政策评价等等;而另一个教育学二级学科课程与教学论则将自己研究的边界不成文地界定为从学前到高中。大学的课程与教学,成为"两不管"地界,成为高等教育研究和课程与教学论研究的"双盲区"。

大学课程与教学研究相对薄弱和滞后的状况亟待改变。因为高等教育已经从精英阶段步入大众化(甚至普及化阶段),高等教育的对象已经发生了根本的变化;不再仅仅限于极少数智能卓越、才识出众者了;高等院校的层次和类型也具有丰富的多样性,培养目标差异甚大、层次丰富,不再仅仅是造

---

2 卡尔·雅斯贝尔斯.大学之理念[M].邱立波,译.上海:上海人民出版社,2007:73.

3 约翰·S·布鲁贝克.高等教育哲学[M].郑继伟,张维平,徐辉,等译.杭州:浙江教育出版社,1987:2.

就高素质的学术研究人才。随着高等教育大众化的发展，更多的院校越来越注重为学生进入学术生涯之外的其他职业作准备。这就推动高等教育的课程哲学和教学理念发生了质的变化。原来的"去系统性"和"去基准化"不再能够统摄整个高等教育系统。一方面，像医学和工程技术学科领域的教学大纲比人文、社会科学领域的教学大纲更有结构，更具"基准性"；非研究型大学比研究型大学更青睐严整的课程规划和明确的知识、技能要求。另一方面，高等职业教育和应用型本科人才对"应知应会"的要求更加严整，而不再强求"知其所以然"。即便是在研究型大学，也需要确定学习的程序和基础的要求，以确保学生在参加高级的研讨课并参与研究之前能够掌握相应的基础知识。因此，在公共基础课以及专业基础课中，不能一味地强调个性、开放性而排斥系统性和基准性，不能一味地强调领悟、探索而排斥系统学习、系统讲授。当然，研究型大学的高年级本科教学，以及研究生教学，仍须强调课程的开放性和探索性，强调作为高等教育目标之一的职业准备与其他更广泛的目标如人格完善、研究定向、非功利主义的批判性思维等等的平衡，而不是相互抵触和相互排斥。要做到这一点，就需要加强对大学课程与教学论的研究，特别是专职教育研究人员与具有专业研究素养而又承担学科教学工作的教授学者的携手合作、共生和分享。

我们看到，在欧美发达国家，情况已经和正在发生变化，批判"失去灵魂的卓越"和"回归大学之道"的呼声日益高涨，诸多研究型大学改弦易辙，在重构本科教育的同时，更加注重对教师的"教"与学生的"学"以及二者交互、共生的研究；大学的教与学的理念、教学艺术与技术，课程的设计与体系的更新，正在成为高等教育研究的新的热点。我国《国家中长期教育改革和发展规划纲要（2010-2020 年）》中明确指出，未来 10 年，"提高质量是高等教育发展的核心任务，是建设高等教育强国的基本要求"。如何提高高等教育质量？如何在多样化中体现不同层次、类别、专业的人才质量标准？如何通过教师领悟教育、研究教学来激发学生投身学习、主动探索的热情，以增强社会责任感、提升创新能力和实践能力？成为高等教育研究者和实践者不可回避的课题。因此，关于高等院校课程与教学的研究逐渐增多。例如，以大学生学习参与、学习投入与学习经历的调查研究为依据的高等教育质量评价，越来越引起我国高等教育决策者、管理者和研究者的重视。清华大学成功地参与了 NSSE 国际联盟，并尝试将学习参与的调查问卷本土化、中国化；

南京大学、西安交大、湖南大学与美国伯克利加州大学的合作及其 SERU（研究型大学本科生学习经历调查）调查，2011 年以来业已开展了两轮，还有北京大学、中山大学自主开发的学习经历调查等。此外，对大学通识课程、"慕课"的研究等等，也正方兴未艾。对这些问题的理论探讨与改革尝试，将直接关系到高等教育"核心任务"的完成与否，同时也推动大学课程研究、教学研究真正成为高等教育学科的一个崭新的、生机无限的增长点。

王一军博士的新著《在"高深学问"与"个人知识"之间——当代大学课程的秩序转型》，就是这一高等教育学科新枝上萌生的新芽。

（二）

近年来，陆续有一些以大学课程为研究主题的博士学位论文或学术专著出版，但这些论著大多围绕通识课程、本科课程政策或管理、课程现代化等专题展开。王一军的博士学位论文《在"高深学问"与"个人知识"之间——当代大学课程的秩序转型》则别开生面，对大学课程哲学原理进行大胆探索。论文立足于高等教育大众化、生存方式数字化、社会组织学习化的时代背景，围绕大学课程研究中的知识问题，引入"个人知识"概念作为研究主题，把大学课程概念化为"秩序"，试图由此分析当代研究型大学的课程哲学原理，结合大学课程实践提出自己的鲜明观点和理论体系。论文在 2012 年 5 月顺利通过答辩，并被遴选为中国高等教育学会 2013 年度 5 篇优秀博士学位论文之一。

知识问题是大学课程研究的本体问题，也是王一军探讨大学课程哲学的一个重要维度。在将近千年的发展历程中，大学从当初类似于"一个居住僧侣的村庄"，发展为"一座由知识分子垄断的工业城镇"，而后又成为克拉克·克尔所自诩的"充满无穷变化的大都市"[4]，其规模、体量、结构、功能和社会影响发生了巨大的变化，但其作为知识传播场所的性质却始终没变，变的只是知识的内涵、传播的方式以及场所的形态。大学对知识的传播主要是通过课程实现的。早期大学的课程与知识是同义语，近代大学课程则依据学科专业领域展开，而学科、专业则是人们探索客观世界的不同知识通道，是知识分化的产物。现代大学的课程，意味着学生学习特定高深知识的过程。根据知识的性质，大学课程可分为通识课程和专业课程；根据知识学习的群体，大学课程可分为必修课程与选修课程；根据知识学习的功能，大学课程可分

---

4 克拉克·克尔.大学的功用[M].南昌：江西教育出版社，1993：26.

为认知主义课程、人文主义课程、实用主义课程等。在纷繁现象的背后，知识与课程的内生关系是以价值判断与选择为桥梁的。正如王一军博士所分析的那样，围绕"什么知识最有价值？"形成了大学课程研究的知识本位范式，围绕"谁的知识最有价值？"形成了大学课程研究的社会本位范式。在当下数字化生存方式、知识民主化和学习型社会的大背景下，知识越来越呈现多元化、个性化的特征。正是在此背景上，作者发现，随着高等教育从精英教育阶段走向大众化甚至普及化阶段，大学逐渐成为各种知识交流的场所，成为大学人自我发现、自我建构的重要驿站，每一个体的价值在大学中都应得到尊重。于是"每一个人的知识都有价值吗？"成为新的知识论域，也是新的课程论题。作者据此着力探寻大学课程研究的学生本位范式。就论文的整体设计来说，研究是围绕"研究型大学知识旨趣的转变是如何影响和内生大学课程秩序的？"这一核心问题展开的。作者站在历史分析的视角，用丰富的史实描述了人类知识旨趣的转变与大学课程演进的共生关系。

以"秩序"这一基本范畴观照、解读大学课程，是本书的第二个重要特征。知识传播本身具有某种"秩序"特征，随着知识社会学研究的不断深入，对这些特征的认识逐步清晰。作为知识传播者，知识分子聚集的地方也表现出鲜明的社会秩序特征，马克斯•韦伯曾说，凡是在文士阶层出现的地方，都显示出一种与农民的公众狂欢不同的个人的智力上的入迷的倾向。[5]大学课程作为一种有目的、有计划、有影响的社会实践活动，理所当然是一种"秩序的存在"。王一军的论文另辟蹊径，运用"秩序"这一范畴来描述大学课程的社会性质、系统属性和实践特征。在他看来，大学课程在不同的实践层面上分别表现为：一种理智性的"标准秩序"、一种信念性的"文化秩序"、一种情感性的"伦理秩序"，三者有机统一构成整体的课程秩序状态，并具有外部关涉、目标驱动、主体合作、对话生成、持续发展等鲜明的实践表征。基于知识演进和大学发展的丰富史实，王一军描述了大学课程秩序的转换轨迹：生成于古希腊知识遗产土壤的大学课程秩序，因宗教的控制和国家的人才诉求得以维持，并从"普遍知识秩序"演变为"高深学问秩序"，在当代历史条件下正在走向"个人知识秩序"。19 世纪以来，"高深学问"一直是经典大学存在的合理依据。"高深学问秩序"的维持，依赖于"大学是高深学问的领地"、

---

5 卡尔•曼海姆.知识阶层：它过去和现在的角色//苏国勋，刘小枫.社会理论的知识论建构[M].上海：三联书店，2005：404.

"大学学习是少数精英的特权"、"大学自治"、"学术自由"等要素和条件。但在当代大学教育生态中，这些要素或者受到冲击，或者难以为继，使大学课程秩序与社会需求疏离、与学生需要冲突、与教授观念相左，因失范、无序而备受指责。"高深学问秩序"向"个人知识秩序"转型，已经是大势所趋。"知识生产模式二"的出现、学术资本主义的兴起、知识民主化进程加快，构成了当代大学内外知识的主要特征。对大学课程秩序的冲击具体表现为个性化知识建构成为课程重要目标、课堂由知识传播的场所变为知识交流的场所、传统的学科体系受到跨学科研究需要的冲击、促进了教学与研究关系的重建，对个性化知识建构诉求、学科知识范式的式微以及教学向生活的转移，显示出"个人知识"课程秩序生成的必要性。在个人知识建构的意义上，大学是学生自我唤醒、学术体验和理智生成的地方。

其实，早在 30 年前，南京大学《高教研究与探索》就刊发了化学系老教授、中科院学部委员戴安邦先生一篇题为《化学教学十八法》的文章，戴老在此文中提出一个重要的观点：大学化学实验、物理实验和生物实验，不应当是简单的再现和演示，而应当是小型的科学实验。作为南大《高教研究与探索》的编辑，我第一时间接触到戴老的这篇文章、这些思想。我的理解是：就人类认识总体而言，这些化学实验、物理实验或者生物实验，都是前辈学者一百年前甚至几百年前已经成功完成并有所发现，有所创新的活动，因而只是一个"再现"，一个"重复"、一种"演示"；但是，对于每一个学生个体而言，它们应当是全新的探索，是个体认知的发现与建构！根据戴老的建议，南京大学对实验进行了改革，将传统的根据实验手册按部就班、重复演示的实验，变为"半开放"、"全开放"和"自由探索"的实验。我理解，现代研究型大学将继续在"高深学问"与"个人知识"之间，在探索求知、把握真理和为学生成长与发展服务之间，确立自己的办学理念与发展道路。

在"制度分析"框架与课程体系之间寻求大学课程的实践建构，是本书的第三个重要特征。就某一门课来说，其实践框架由课程目标、课程内容、课程组织、教学方式、课程评价等要素构成；就某一专业来说，其课程实践框架由课程理念、培养目标、课程结构、教学要求、课程管理等要素构成。而就一个学院、一所大学甚至一个时代来说，大学课程体系复杂而多样，建构一种实践框架是非常重要的研究课题。王一军博士基于"秩序"基础是制度，用诺斯的制度分析框架，即正式规则、非正式约束以及二者的实施特征，对应大学课程系统中的正式课程、隐性课程与课程实施，形成大学课程秩序的实践框架，着力探讨大学课程"个人知识秩序"的制度重建。在大学课程的意义上，"个人知识"可理解为学生对专业知识的个性化建构、在具体情境中解决问题的能力、具体行动中所采取的独特思路与方法、对知识价值与自我需要的意知、理性信念与情感寄托。据此，大学课程的总体目标就包括丰富学术体验、建构专业知识、提升意会能力和唤醒理智激情四个维度。在案例分析的基础上，作者认为"个人知识秩序"生成的课程制度建设包括以学生学习为中心的正式课程整体设计、丰富学生学术经历的隐性课程开发、服务学生行动学习的课程实施安排。在"个人知识秩序"主导的大学课程实践中，学术本位无疑让渡于学生主体发展，"学术自由"的话语局限也就难以彰显大学的自由意义，需要向"发展自由"展开话语转换。在作者看来，大学"发展自由"既意味着尊重个体价值、通过环境学习、机会成就自我建构、进化性道德与制度规范，也表现为精神自主、行动自律、学问自理，学生作为自我探险者、教师作为课程开发者、学习场域作为课程等一同构成了大学"发展自由"的实践旨趣。

我们可以看到作者研究大学课程的清晰而严整的内在逻辑：由知识问题的本体研究——秩序视角的认识论探讨——"发展自由"理念下的实践制度重建，筑起当代研究性大学本科课程的哲学殿堂。

（三）

王一军的博士论文即将在台湾付梓，作为他的导师，我分外高兴，也由衷地祝贺他！在学术研究上，王一军既有挑战传统理论的勇气，又有坚持自己观点的执着，我以为这是难能可贵的。书中创新观点颇多，这里略举一二。

其一，从"教授普遍知识的场所"到"学生自我探险的场所"。纽曼围绕"教授普遍知识的场所"阐述了大学的教学功能，强调知识本身是大学教育目的，这是中世纪以来欧洲大学的传统理念；洪堡借助柏林大学创建，践行"为科学而生活"的大学理念，把科学研究纳入大学的主要功能，确立了作为知识生产主体的学者在大学的重要地位；威斯康辛大学把大学功能拓展到服务，强化知识应用场所"社会"的地位。"尽管在某些时期可供大学选择的理念较少，但从来不曾有某种单一的大学理念存在。只不过在不同理念之间会有轻重之分，大学可能会比较强调其中的某一种理念。"⁶不争的事实是，学生作为学习主体的地位没有得到自觉地强化。论文从当代大学作为各种知识交流的场所这一命题出发，提出"每一个人的知识都有价值"论断，系统阐述了大学作为"学生自我探险的场所"这一理念。显然是对当代大学功能的描述与拓展。

其二，从"探索高深学问"到"发展个人知识"。"高深学问"一直是大学合理存在的基石，也是大学引以自豪的领地，高等教育哲学正是基于"高深学问"的分析、传播与研究而建构的。作者从分析当代知识状况入手，敏锐地发现基于"高深学问"的大学哲学的危机，并提出发展"个人知识"的必要与可能。论文指出，谈高深知识或高深学问强调的是知识的性质，谈个人知识说的是个体对知识的建构与形成的结果。高深学问秩序课程在从以知识为目的向学生主体回归的过程中。高深学问始终是研究型大学的特征，在高深学问秩序中学问本身处于支配地位；在个人知识秩序中学生发展处于支配地位。在高深学问秩序中，学生为学问而来，自身发展遮蔽于学问之中；在个人知识秩序中，学生为发展而来，学问遮蔽于自我完善之中。没有高深学问不可能有个人知识，有了高深学问不一定生成个人知识，或许只是一堆识记的事实。就大学来说，赖以生存的知识永远是高深学问；但对学生个人来说，在当代社会背景上，生存与发展更多地依赖于个人知识。

其三，从"学术自由"到"发展自由"。如文中所述，在"以学术为业"的大学黄金时代，"学术自由"不仅是传统大学发展的动力，也吸引着各种力量投身于大学教育事业，"学术自由"成为大学人崇高的信仰。随着大学功能的不断拓展，大学与国家机构的界限趋向模糊，大学在不断地变化，但学术自由的旗帜一直在高高飘扬。在当代高等教育语境中，学术自由几乎涵盖了从教育价值观到大学文化生态等全部大学意识的思想边界，抽象话语背后的意义扩展，其实也在消蚀话语自身存在的合理性。学者的自由就与那些更普遍的自由没什么两样。"学术自由"知识本位的价值取向，已经不能适应服务学生发展的个人知识秩序需要。向"发展自由"的话语转换，聚焦于知识群落中人的发展，在自身获得合理性的同时，也将实现大学教育新的意义建构。"发展自由"作为大学教育价值取向，其意义在于保证学生多样化发展、个性化发展，并推动教师的充分自由发展。

---

6 谢尔顿·罗斯布莱特.现代大学及其图新——纽曼遗产在英国和美国的命运[M].别敦荣译.北京：北京大学出版社，2013：1-2.

　　因为观念相左，更因为王一军关于大学课程的哲学探索是全新的，甚至是对传统的、经典观念的某种颠覆性的思考，还因为王一军的思考与批判难免有其偏颇，因而王一军的论文从开题到答辩都有不同的声音，部分观点发表后也引起商榷和争论。我始终认为，有锋芒、有争议的论文才可能是有创新的好论文。如果四平八稳、中规中矩，答辩时顺风顺水，波澜不惊，那肯定是一篇平庸之作。关键是年长的学者们应当宽容、理解和鼓励年轻学者的创新观点，要努力保护他们勇于坚持、敢于挑战和善于批判的学术性格。然而，"对创新思维的抵制在学术界里是天然存在的，这种观点随着时间的发展极具洞察力，也获得了普遍的认同。"[7]也许日本哲学家中村雄二郎道明了这种抵制的原因："人们随心所欲地将自己的专业划分得很狭窄，并给它制定一个框框，然后自己心安理得地躲在里面；或者是害怕失败，因而不再去进行探险和面对挑战；又或者在已经当作标签的客观性及普遍性的名义之下逃避自己的责任等等。"[8]研究的实质就在于过去逐渐让位于将来，旧的知识逐渐让位新的知识，曾经出现的知识创新逐渐让于激动人心的更加大胆的创新。有了这种认识，我们的学术研究才能避免著名科学教育家施瓦布所说的"理智的偏狭"：一是将科学拔高到其他学术学说之上，主要是把社会研究和人文研究诋毁到自圆其说的水平；二是把接近真知的互动过程转变为辩论防御和抨击。

　　韦伯在《以学术为业》中曾说："我们应当去做我们的工作，正确地对待无论是为人处世的还是天职方面的'当下要求'。如果每个人都找到了握着他的生命之弦的守护神，并对之服从，这其实是平实而简单的。"2008年在博士研究生入学复试时，我曾经问王一军一个问题："你曾经是小学教育的名教师、名校长，后来一直从事基础教育的课程与教学论研究，为何要来报考高等教育学的博士？"他的回答是："我想挑战一下自我。"在研读高等教育学博士的过程中，王一军不但挑战了自我，而且勇敢地挑战了大学课程哲学的现存理论依据，我认为他已经真正找到了"握着他的生命之弦的守护神"。我希望他能够继续下去，以学术为志业，在大学课程与教学论研究的学术之路上越走越远。

（作者系南京大学高等教育研究所所长、教授、博士生导师）

---

7 托尼·比彻，保罗·特罗勒尔.学术部落及其领地——知识探索与学科文化[M].唐跃勤等译.北京：北京大学出版社，2008：105.

8 中村雄二郎，山口昌男.带你踏上知识之旅[M].何慈毅，译.南京：南京大学出版社，2010：1.

目

次

引言：探寻大学课程研究中的
知识问题

　　大学作为人类文明的奇葩，被赋予诸多功能和荣耀，但就其本质来说无不依附于"知识"。纽曼（John Henry Newman）明确指出："我对大学的看法如下：它是一个传授普遍知识的地方。"（约翰·亨利·纽曼，2001）[1] "大学教育有非常实际、真实、充分的目的，不过，这一目的不能与知识本身相分离。知识本身就是目的。这就是人类心智的本性。"（约翰·亨利·纽曼，2001）[23] 与纽曼不同，雅斯贝尔斯（Karl Jaspers）更强调人的探究旨趣："大学是一个由学者与学生组成的、致力于寻求真理之事业的共同体。"（卡尔·雅斯贝尔斯，2007）[19] 怀特海（A·Whitehead）则注重大学教育实践的创造价值："大学之所以存在是因为她能把青年人和老年人联合在对知识的富有想象力的思考当中，并维持了知识和生活的联系。大学的确是传授知识，但却是创造性地传授知识。"（Whitehead，A，1929）[39] 布鲁贝克（John S. Brubacher）对发生在大学里的"知识"作了具体的描述："每一个较大规模的现代社会，无论它的政治、经济或宗教制度是什么类型的，都需要建立一个机构来传递深奥的知识，分析、批判现在的知识，并探索新的学问领域。换言之，凡是需要人们进行理智分析、鉴别、阐述或关注的地方，那里就会有大学。"（约翰·S·布鲁贝克，1987）[13] 先哲们思考的角度不同，却都在阐发"知识问题"是大学核心问题的观念。很显然，有关大学教育中知识的价值分析、内容选择、组织结构等，都是大学课程的实践要素。大学课程研究中的知识问题是大学的基础问题，是大学的哲学问题，也是大学存在的合理性问题。大学课程中

—1—

的知识问题研究，是多学科的共同命题，本文主要关注"知识本位"和"社会本位"两种范式，并着力探讨"学生本位"范式。

一、从关注"什么知识"、"谁的知识"到关注"每个人的知识"

从"七艺"到经院哲学、从中世纪神学到现代科学技术，在适应普遍嬗变的环境中，知识的本质在不断改变，大学的生存和发展正是通过大学课程，在不断吸收新知识、同时改造旧知识的过程中实现的，大学的历史实质上是知识演进的历史，在历史的磨砺中，大学课程逐步形成了知识的敏锐感，铸就了基于知识展开斗争的性格。

1. 围绕"什么知识最有价值？"形成了大学课程研究的知识本位范式

早在 16 世纪，培根（Francis Bacan）就对古典课程提出质疑。他在剑桥大学就读三年，对当时的古典语文和神学深为不满，认为英国的学校教育制度是根本有害的，对经院哲学家们所从事的"学问"甚为蔑视。他是科学技术的倡导者，其名言"知识就是力量"，赋予科学知识鲜明的功利价值，引导大学课程重新思考知识的意义，成为鼓舞大学课程走向实用理念的推动力。到 19 世纪，斯宾塞（Herbert Spencer）提出了一个大学课程的核心命题"什么知识最有价值？"。在《什么知识最有价值》一文中，他批评当时的教育是装饰的教育，学校中教育的知识是为了自炫，而不是为了实用，不是为了指导人们的现实生活。他认为教育所传授的应该是最有价值的知识，"为我们的完满生活做准备是教育应尽的职责，而评一门教学科目的唯一合理的办法就是看它对这个职责尽到什么程度。"（斯宾塞，1994）[826] 也就是说，对人的现实生活的指导作用的大小是衡量知识价值大小的标准，指导人的现实生活所最必需的知识才是学校应教授的知识。斯宾塞为科学知识进入大学课程提供了价值判断的标准。20 世纪的美国是各种教育观念交汇之地，围绕"什么知识最有价值"形成了不同的大学课程流派。以杜威为代表的实用主义，发展了斯宾塞的思想，高举科学知识大旗，主张大学课程的功利价值。杜威认为理智和知识是应付生活环境的工具，"面对日常生活的各种问题，学生和教师应该从高深学术中选择那些对克服眼前种种困难的有用的材料来学。"（约翰·S·布鲁贝克，1987）[108] 面对知识的追求沦为实用的工具，赫钦斯（R. M. Hutchins）从知识的统一性出发，认为"理想的教育不是一种特殊的教育，不是一种指向眼前需要的教育；……它不是一种功利主义的教育，它是一种发展智能的教育。"（陈锡恩，1948）[77-78] 他说："大学就是提供一个特别的环境，使人置身其中能够不受功利主义与企求结果的压力的阻碍，努力追求真理。"（陈锡恩，1948）[72] 他倡导人文知识教育，主张古典的名著课程。弗莱克斯纳（Abraham Flexner）同样反对实用主义的大学主张，但他追求的是以研究为中心的大学课程愿景。他认为，在大学里，思想的清流时时注入人类的宝藏，对于大学教师来说，激发学生自己探索和使研究者团结合作比学问本身更重要。"学问之所以应培养好奇心，它们受即刻功用的因素干扰越少，它们对人类福利和现代社会智力生活做出的贡献就越大。"（贺国庆，等，2006）[376] 他所说的研究是纯科学意义的研究，不带任何功利色彩。

在大学发展史上，知识本位范式长期占有绝对的统治地位。这一范式关注知识本身，对知识的价值分析主要有四个维度。一是社会、文化发展需要维度，这一维度是大学教育产生的条件也是生存的基础。从中世纪大学依附于宗教到大学的世俗化，从古典人文教育到近代科技教育，大学课程的每一次变革都是社会、文化发展对知识重新选择的结果。二是人自身发展需要维度，是教育品质提升和大学理想追求的哲学前提，也是自由主义教育的根基。人们本着"闲逸的好奇"精神把追求知识作为目的，了解他们生存的世界，只是一种兴趣，一种自我的充实，一种对未知的好奇心。在维布伦（T. Veblen）看来，"探讨深奥的实际知识是学术事业不证自明的目的，与它可能对上帝的荣誉和人类的利益所产生的任何影响都毫不相关。"（约翰·S·布鲁贝克，1987）[14] 从人自身发展需要来看，大学教育把追求真理作为最终归宿，尽管大学课程随社会变化时常动荡，但自由主义教育这一主线未曾根本动摇过。三是知识传播、生产与应用维度，这决定了大学的性质与其存在的合法性。因为知识的激增和高层次人才培养的需要而产生大学，早期大学并不是知识生产的中心，那时的知识生产者大多在机构之外，他们是作家、自由流动的知识分子、贵族阶层的成员或改革派的牧师。"文艺复兴、宗教改革、启蒙运动都是对独立于政权和教权之外的知识的渴望。"（杰勒德·德兰迪，2010）[27] 传统大学主要是知识的传播场所。到了 18 世纪，随着启蒙思想的进一步发展，以康德的理性批判思想和洪堡的文化观念为主导，一些新人文主义大学坚持知识自治，作为批判理性的保护者，进而成为知识的生产者，体现为教学与科研相统一，共同为追求真理服务。"20 世纪是一个专门化、职业化的时代，也是取代启蒙时期人文主义最后遗留物的时代。……大学作为一个机构，承认社会整合的新文化形式，这种机构服务于社会的经济需求、维护民族威望、保卫国防以及培养技术专家。"（杰勒德·德兰迪，2010）[29] 至此，知识的传播、生产都统一于运用之下，大学充当着社会的公共服务机构，知识本身不再是目的。四是教育体系整体设计维度，这决定了大学教育的实践特征。由于初等教育和中等教育的存在，大学作为高等教育在知识的选择上必须有别于前两级教育，这是大学课程实践必须考虑的维度。"高等教育与中等、初等教育的主要差别在于教材的不同：高等教育研究高深的学问。在某种意义上，所谓'高深'只是程度不同。"（约翰·S·布鲁贝克，1987）[2] 正是在教育体系的整体设计中，"高深学问"成为大学知识性质的一种描述。在不同的历史时期、不同的大学教育机构，对知识的分析和选择并不是严格按照这四个维度展开的，可能侧重于某一个维度，这就产生了自由主义教育、功利主义教育等不同的大学教育流派，使大学课程形成丰富多彩的历史面貌。

2. 围绕"谁的知识最有价值？"，形成了大学课程研究的社会本位范式

在扣问"什么知识最有价值"的时候，进入大学课程的知识便理所当然地获得精英化的身份，并被赋予一种客观化的地位，于是消解了对知识合理性的质疑，知识问题转化为学习有效性问题。随着社会民主进程的加快，人们强化了对教育中民主、自由和权力等问题的讨论，许多学者走到知识的背后，探讨知识教育的深层意义。麦克·扬（Michael F. D. Young）指出："知识的增长和获得，与知识的逐渐分化是并行的。从经验上看，我们能够无可争议地证明，知识的日益分化对于某些希望获得某种地位，进而将'他们的知识'赋予更高的级别和更高的价值，并加以合法化的群体来说，是一个必要的条件。""当我们设定与课程有关的某些社会联系的模式时，一旦统治阶级认识到这些变化将动摇他们的价值观、相对权力和特权时，它们将受到抵制。"（麦克·F·D·扬，2002）[42-43] 他把教育中的知识置于特定的社会关系之中，分析了知识分层背后的权力与控制问题。吉鲁（Henry A. Giroux）认为，知识一旦作为外在于人的客观事实的领域，就不再被看作是某种要被质疑、被分析和被磋商的东西，而变成了某种要被处理和掌握的东西。"认识主体维度一旦丧失了，那么，知识的目的就变成一种积累和分类。在这样一种界定知识

的语境下，'为什么是这种知识'这样的问题，就被'什么是学习这种既定知识体系的捷径'这样的问题所取代了，……在传统的课程模式下，控制，而不是学习，似乎有着很高的优先地位。在这里，丧失的是这样一种观念，即知识不单单是'关于'外部实在的，更重要的，它是导向批判的理解和解放的自我认识。"（亨利·A. 吉鲁，2008）[24-25] 弗莱雷（Paulo Freire）把这种知识控制称为"灌输式教育"，他说："大多数人越是完全地适应由统治地位的少数人为他们设定的各种目的（统治者由此可以随意剥夺大多数人的权利），占少数的统治者就越容易继续发号施令。灌输式教育的理论和实践非常有效地服务于这一目的。语言课、阅读要求、衡量'知识'的各种方式、教师与被教育者之间的距离、提升的标准：这一现成方法中的一切都是为了消除思考。""它企图控制思考和行动，让人们去适应这个世界，并抑制他们的创造力。"（保罗·弗莱雷，2001）[28-29] 基于这些思想，阿普尔（Michael W. Apple）比照斯宾塞，提出了"谁的知识最有价值"这一命题，他说："进入学校的知识是对较大可能范围的社会知识和原理选择的结果。它是一种来自某个方面的文化资本形式，经常反映我们社会集体中有权势者的观点和信仰。"（迈克尔·W·阿普尔，2001）[8] 他认为，我们的教育机构对分配意识形态价值和知识产生作用，在帮助生产某种类型的知识，这种知识被用于维持现存社会统治以及经济、政治和文化安排。

大学课程的社会本位研究有良好的传统，重点从三个主要方面展开。一是学科的组织。学科是大学课程主要呈现形式，从本质上说学科知识是社会化的建构过程，正如麦克·扬所说："把课程的变化看成是知识定义的变化，这种知识的变化和社会分层、专门化，以及知识组织的开放程度是一致的。"（麦克·F·D·扬，2002）[43] 伯恩斯坦（B. Bernstein）认为，当一门学科分类清晰、框架明确而且拥有一个功能强大的累积制度时，该学科领域的学者就被赋予了权力。他说："权力原则与社会控制原则通过学科制度实现，并通过这些制度，它们进入人们的意识，形成人们的意识……制度的改变会使知识分类和框架结构发生根本变化，进而引起权力结构和权力分布的改变，以及调节规则的改变。因此，学科制度的问题受到如此巨大的抵制也就不足为奇了。"（托尼·比彻，等，2008）[40] 学科的组织问题始终是社会学关注的重要问题。二是社会的控制。社会通过知识控制人的思想和行为，是通过知识的选择和实际的教育行为规范达成的。在大学主要表现为是否拥有学术自由，包括教师教学和研究的自由以及学生学习的自由。韦伯（Max Weber）较早地对大学官僚化趋势下学术研究失去自由竞争机制表示了极大忧虑。他尖锐地批判"思想的官僚化"，要求改变一切使人从官僚主义出发去考虑问题的想法。他指出，德国学术在诱惑和欺骗中走向腐败，世俗功利主义笼罩下的大学人追逐名利、趋炎附势而浑然不觉，教授们自欺欺人，把他本应该献身的学术当作一项表演事业，竭力以其"学术成就"来证明自己的价值，而不管这些在学术进步上的影响和实际作用。大学人失去了作为学者的尊严感，降低了人格，给人一种卑劣的印象，如同政治领域一样，他们被一些权力强人所愚弄，"这样的体制，试图把新一代学者变成学术生意人，变成没有自己思想的体制中的螺丝钉"（马克斯·韦伯，2006）[51]。大学人越来越像资本主义这部大机器中的小零件，在严密组织的官僚体制里循规蹈矩地运转。三是知识的分层。大学课程广泛存在着按照知识地位的高低对学科领域进行分类，对知识进行分层。就分层而言，体现了社会权力分配和知识分配之间的关系，并通过对不同群体进入知识领域的能力的限制，来达到人的社会阶层划分。所以麦克·扬指出："如果高层次知识的标准与占统治地位的利益群体的价值观联系在一起，特别是在大学中，那么，人们将可以看到，与学术课程相联系的高层次知识的任何变化都将受到最大程度的抵制。"（麦克·F·D·扬，2002）[46]正如康奈尔大学前校长罗德斯（Frank H. T. Rhodes）描述的那样："每一个院长都知道，要想教师会议有人缺席，最好的办法就是宣布会议的题目是讨论课程设置。想减少教师的和谐气氛，制造出一种冰冷、不舒服的沉默的最好办法，就是建议对课程中的主要问题进行回顾。"（弗兰克·H. T. 罗德斯，2007）[114] 这充分说明任何有关对进入课程的知识调整都是一种艰难的利益和权力分配，知识的价值通过课程得以彰显，知识背后的权力通过学科分层得以合理化。

3. 围绕"每一个人的知识都有价值吗？"，建构大学课程研究的学生本位范式

围绕"谁的知识最有价值？"进行课程研究，主要关注进入课程的知识受到权力的制约，揭示了知识选择过程的主观性。那么知识本身是否具有主观性呢？进入后工业社会，尤其是信息社会的快速发展，知识的客观性、统一性和确定性受到挑战，开始向主观性、差异性和主体性转变，这是知识自反性、知识信息化等多种因素共同作用的认知结果。美国当代新实用主义者

罗蒂用反本质主义来描述实用主义知识主张："在关于应该是什么的真理与关于实际上是什么的真理之间，不存在任何认识论的差别；在事实和价值之间，不存在任何形而上学的差别；在道德和科学之间，不存在任何方法论的差别。"（理查德·罗蒂，2007）[614] 罗蒂是要否定知识的理性化，寻求道德、事实与价值的融通，强调实践的智慧。在罗蒂看来，"人应付环境的功用问题"（理查德·罗蒂，1992）[1] 是判断知识或信念为真的根本标准，而不是静观中的表象是否与实在相符合。这种以主客观的符合为前提的真理论，使传统的、以抽象的方式求知的知识论从根本上动摇了。实用主义者旗帜鲜明地把实用的目的理解为真正的知识的必要前提，使知识回归了人的实践活动本身，主体的认知活动融入了鲜明的价值取向，个人的观念与需求映射于知识之中。实用主义对知识工具价值的强调使知识走向了人的生存实践，法兰克福学派对知识的人本价值追求使知识走向了人自身的解放。哈贝马斯反对仅仅从工具性的角度看待认识，他把那种唤醒人自身需要的"理性的兴趣"看成是认识的基础，把认识视为人类兴趣不可分割的一部分，把认识判断与价值判断结合起来，使过程回归人的主体。波兰尼明确提出了"科学知识是个人的"的论断，企图用"个人知识"来替代那种具有超脱性理想的客观知识，主张知识是个人性与客观性的结合，知识的典型特征是个人性、意会性和信念性，强调个人的情感、意志、直觉或无意识的本能冲动是一种无法用概念和语言表述的、不能言传、且不能论证的知识，并把它们设定为人乃至世界的本质。对于这些存在于个体的知识价值与意义，哈耶克进行了精辟的论述。哈耶克认为个人知识是在具体社会行动中有关个人行动者之间自发生成并传播。在他看来，社会行动中的均衡状态意味着"组织该社会的个人为即时性行动所制定的不同计划是彼此相融合的。"（哈耶克，2003）[64] 在这个意义上说，作为对特定情势把握的个人知识就是对那些行动的"预见"和"调适"，这是自发秩序展开的行为基础。另一方面，利奥塔尔认为，那些传统形态的知识在信息社会已经改变其存在与传播方式。他说："知识只在转译为信息量才能进入新的渠道，成为可操作的。……一切构成知识的东西，如果不能这样转译，就会遭到遗弃，新的研究方向将服从潜在成果变为机器语言所需的可译性条件。"（让-弗朗索瓦·利奥塔尔，2011）[12-13] 超出利奥塔尔预期的是，在多媒体网络时代，知识已完全数据化，在理论上每个当代人都具备将个人掌握以及生产的知识在数据网络上与他人分享的能力。任何知识的传播都超越了传统课程的局限，并推进了知识的民主化进程，同时，网上数据库与传播方式正在成为大学课程形式。在这种知识理解与传播的条件下，"谁的知识更有价值？"的追问已失去课程意义，充分发挥每一个人的知识价值成为大学课程研究的新命题。

面对知识信息化对大学教育方式的冲击，利奥塔尔一针见血地指出："对传递确定的知识而言，教师并不比存储网络更有能力。"（让-弗朗索瓦·利奥塔尔，2011）[182] 数字化生存的现实已经说明，多媒体网络已经成为知识的百科全书，远远超出了当代人的使用能力，成为年轻人成长的"自然"。因为每个人所处的"自然"环境不同，利用"自然"的能力有差异，所以进入大学的每个人都是一个独特的知识体，加上大学本来就存在的多元知识体系，大学成为多元知识汇聚的场所，大学的理想应从关注"谁的知识"进一步走向关注"我们所有人的知识"。基于这种思考，德兰迪指出："现代大学制度的伟大之处在于，它可以成为现代知识社会中互相交流的最重要场所。如此之多的不同种类的知识大量增加，再也没有任何一种知识可以把其他所有的知识统一起来。大学不可能重建已打破的知识统一性，但它可以为不同种类的知识提供相互交往的渠道，尤其是为科学知识和文化知识提供相互交往的渠道。"（杰勒德·德兰迪，2010）[7-8] 这是大学课程的美好愿景，大学课程研究与开发就是要促进各种知识在大学相遇与平等交流。

围绕"每一个人的知识都有价值吗？"这一问题，大学课程走向学生本位研究，并从四个方面展开。一是知识对人自身解放的意义与价值。与"知识本位"课程把知识本身作为目的不同，"学生本位"课程追求知识对人自身发展的价值。雅斯贝尔斯认为，科学因人而存在，大学生在科学探究中可以更好地实现生命价值。他说："由于体验到了真正的无知，我逐渐间接地意识到那种超越我整个求知过程并暗中推动我整个求知过程的同一性。恰是这种同一性给我的探索赋予了生命和意义。"（卡尔·雅斯贝尔斯，2007）[46] 在他看来，正是求知的热情与过程点亮了主体人生。哈贝马斯的观点与雅斯贝尔斯不同，认为科学技术作为生产力实现了对自然的统治，作为意识形态则实现了对人的统治，他希望人与人之间相互作用的交往行为合理化，以实现人自身的解放。许多学者的观点已经得到证明，在变动不居的当代社会，知识对人的发展形成了新的困扰，那些过时的专门知识往往成为学生进入社会后寻求自我超越的障碍物。究竟要学生学习什么，如何对待传统的大学教育，是学生本位课程必须思考的问题。二是大学服务学生终身发展的知识建构。在信息化社会，知识自身的快速生产以及对人生活方式的支配，决定了任何人都无法在短期内完成学习使命，学习成为人一生的行为。杜德斯达（James Johnson Duderstadt）说得明白："大学教育的目的不是为学生的第一份工作做准备，而是要为他们最后一份工作做准备。"（詹姆斯·杜德斯达，2005）[65] 基于同样的思路，库恩（George D. Kuh）提出："本科教育的核心功能之一是，使学生了解挑战我们熟知的观念和行为的新思想和经验，为他们成为有能力的具有公民责任感的社会成员打下坚实的基础。"（乔治·D·库恩，2007）[235] 正是基于这样的思考，许多专家指出，大学教育的目标主要是促进学生全面素养的提升，让学生提高持续学习的能力，因此服务学生终身发展的知识一定是学生不断自主学习的知识，"唯一不会过时的技能是学习新技能的技能"（迈克尔·吉本斯等，2011）[65]。三是基于知识传播形态的学习方式变革。面对知识的信息化，人机互动成为学生学习的主要形式，对此，克拉克．克尔以怀旧的心情描述到："学生生活的神经系统活动现在越来越多地依赖电脑终端和传真机，越来越少地依靠面对面接触。这使我悲伤——冰冷的机器接触取代了温暖的人际互动。"（克拉克·克尔，2008）[111] 如果单纯停留在"高深学问"习得上，人机互动完全可以取代传统的教师教学，但是当代知识生产模式2背景下，"随着知识生产从大学转移到社会中，社会上各种各样的价值观也进入大学之中。"（迈克尔·吉本斯等，2011）[67] 就需要一种面对面的对话交流，这正呼唤一种共同体合作学习。另一方面，研究从大学向社会其他形式转移，研究的训练同样走向应用情境，那么具体情境中的行动与实践学习也将成为一种重要学习方式。四是大学知识场域中的交往行为。正因为大学知识垄断地位的消解，大学教育职能正在发生转变。德兰迪认为："大学的任务就是在社会中开放交往的场所，而不是像最近那种危险的行为：使自己成为一个高傲自大的官僚机构。"（杰勒德·德兰迪，2010）[9] 库马尔（Krishan Kumar）把作为知识场所的大学定位为"公共生活空间"，他说："在日益家庭化和个人化的社会里，大学是少数存留下来能够吸引人走出私人空间的机构之一——它鼓励人们参与共享的公共活动。"（安东尼·史密斯等，2010）[60] 他强调保持大学作为知识场域的独立性和独特性，以更好地服务于社会。正是交往行为的合法化，才能使哈贝马斯所说的人的自身解放得以实现，学生本位大学课程的旨趣即在于此。

二、超越知识——大学课程研究的新视野

围绕知识的演进，大学课程不断实现自身的适应和超越，在这过程中也实现了课程与知识的双向建构。由于"大学是民族灵魂的反映"，大学和大学课程研究自然是社会各学科共同关心的领域。早在上个世纪80年代，伯顿·克拉克（Burton R. Clark）主编的《高等教育新论——多学科的研究》一书开创了高等教育研究的新范式，正如克拉克在该书导言中所说："当学科专家们研究高等教育时，我们可以跟随他们，要求他们解释他们聚光灯所揭露的东西，并给他们相互介绍，这是有意义的事。偶尔的集体研究也可能是很有效益的。这种努力可以加强一种意识，就是那些分裂知识的人有责任把知识整合起来。它们可以通过其他领域的专家的坚持在树丛中多看一下森林，并且帮助各个领域的专家开阔思想。"（伯顿·克拉克，2001A）[4] 20世纪70年代以来，西方教育科学领域发生了重要的"范式转换"：开始由探究普适性的教育规律转向寻求情境化的教育意义。课程研究领域开始超越以"泰勒原理"为代表的具有理性主义性格的"课程开发范式"，走向把课程作为多元"文本"来理解的"课程理解范式"，呈现出多学科、多种话语的研究视野。这种超越知识的课程研究范式，在大学课程研究中更具实际意义。

1. 课程是一种政治

阿普尔认为，只有通过霸权、意识形态和选择性传统的概念对课程进行分析，才能真正理解课程。他从意识形态和课程的相互关系分析入手，提供了一个课程的政治分析框架："我们不仅需要批判性地检视'学生如何获取更多的知识'（这是我们这个追求效率社会的突出问题），而且还需要批判性检视'为什么和怎么样使集体文化的特殊方面在学校里呈现为目标性的、事实性的知识'。说得更具体些，也就是官方的知识如何来代表社会中起支配地位群众的意识形态结构；学校怎样把这些有限的、部分的知识标准化为毋容置疑的真理。""我们必须至少在学校生活的三个领域里提问这些问题：(1)学校基础的日常规范如何使学生学习这些意识形态；(2)这些特殊的课程知识形式在过去和现在是怎样来反映这些结构的；(3)这些意识形态怎样被反映为教育者自身的基本理念，并控制和指导他们的活动，给他们的活动赋予意义。"（迈克尔·W·阿普尔，2001）[14] 阿普尔的研究开创了课程的政治理解之路。罗德斯从组织行为的角度给我们展示了课程作为政治的另一方面。他说："如果用

一个词来形容大学所进行的教学、研究和服务等多种任务的独特方法，那么这个词就是'共同体'。不建立学术共同体，知识就会变成孤僻的东西……不建立学术共同体，个人的发现就是有限的，这不是因为个体研究者的创造力和开拓性不及研究群体，而是因为他或她的结论没有接受质疑，也无法得到更多的检验；这样，个人的知识就是不完整的。"（弗兰克•H. T. 罗德斯，2007）[55]罗德斯强调了学术共同体建设在大学课程开发中的重要地位，实际上大学中许多组织和机构都是围绕大学课程运行的，从而构成了大学课程的政治系统。课程作为政治的研究就是关注课程中的权力分配、行为控制、组织运行、相互关系以及政策安排等问题。

2. 课程是一种消费

美国畅销书《老师的谎言——美国历史教科书中的错误》描述了教科书的故事。教科书要进入学校必须通过州教科书采用委员会的审查，"教科书的营销就好像是兜售鱼饵，关键在于抓住垂钓者而不是鱼本身。"（詹姆斯•洛温，2009）[340]很多被采用的教科书都是很花哨的，它们只注意吸引采用委员会的眼球，教科书采用委员会往往较多关注对自己州来说很重要的人物和事件，征订者通常都在教科书里找寻自己想要的那些细节。在听证会上，评估委员会邀请社会各界就被列入评估对象的各种书籍展开评论，由于委员会总是竭力迎合那些提名自己进入委员会的人的要求，那些在听证会上说三道四的人常常一言九鼎，不论其说得对与不对。采用委员会还经常逼迫出版商们公开表示赞同某些观点，很多州修订了自己的教科书规范，以屈从这种对教科书内容的无理要求。"出版商们删去一些针对美国政策的温和批评，以迎合某州右翼分子的批评，但结果却发现，自己冒犯了另一个州的左翼分子。"（詹姆斯•洛温，2009）[345]在作者看来，美国历史教科书中充斥谎言的原因之一，是教科书出版社迎合消费者的结果。大学课程作为消费有着广泛的意涵。选修课是一种知识的消费，更是一种学分消费，所以，"随着选修制的采用，普遍存在的学业标准快速下降的苦恼也应运而生；学生越来越多地选择那些只有初级水平的课程而放弃学习逻辑和古典语言，大学因而被指责正在培养诡辩家和业余艺术爱好者。"（菲利普•G•阿特巴赫，2007）[363]学生对学习方式的新的需求，直接影响课程的形态；政府对大学研究的资助，直接影响教授的科研，间接影响到课程的具体内容和服务对象。课程伴随学术时尚、社会品味和服务需求的变化而做出相应的变化，也是课程作为一种消费的重要表征。

3. 课程是一种制度

制度是课程的重要形态。《哈佛通识教育红皮书》认为，因为学分制的建立，每类课程就都合法化了，且被赋予了相同的地位。在实践中，课程学分制是一个工具，通过这个工具，学生的各种天赋和兴趣都能通过配套的教学而得到发展，各种各样的课程，都平等地计为 1 个学分。它类似于学科中的"专修"或"主修"制度，这种制度在大学广泛实行。它增强而不是缓和了学生之间的差异性，"因为它鼓励学生把自己的学业看作一个个模块。每个模块自身是完整的，相互之间是独立的。对于学生，它也产生着类似的作用，也就是说，它把学生的功课分成若干个单元，其中有一些与前面或后面所学的课程是有关系的，但是有许多只是经验的'孤岛'，与其他课程没有任何关联，没有任何统一的目的。"（哈佛委员会，2010）[8-9] 学生的分化具有双面性，积极的一面是促进了学生的个性发展，消极的一面是由于知识的孤立没有实现整体的建构。课程制度往往是大学办学特色的重要标志。哈佛大学因为率先实施选修课制度而开创了一个教育新时代。埃利奥特（C. W. Eliot）就任哈佛校长第二年，创造性地提出"科目"（course）的概念——包括科目名称和编号，以供各年级选修。几年后，埃利奥特推出了另一创新举措：学生决定课程时，学校会告知特定课程由哪位教师任教。到 1884 年，哈佛的必修课程所剩无几，又过了十年，必修课已经消失殆尽。与此同时，学生数量、开设的课程数量和上课教师的数量都在激增。哈佛前院长刘易斯（Harry R. Lewis）评论说："在很大程度上，所有大学采取的这方面措施只得到了学生的欢迎，但并没有给本科教育本身留下太大的发展空间。让教授自由地选择教学内容，固然保证了他们作为学者的基本地位，但也纵容了教师漠视学生个性化的需要；虽然学校殚精竭虑地设计课程并采用了学生选择这一'无形的手'，但学生的选择结果参差不齐，他们只是选择了一大堆课程，却也留下了一大堆问题。"（哈瑞·刘易斯，2007）[36] 这就是制度，在特定的历史条件下诞生，也要在历史的涤荡中变迁，刘易斯表达的是一种怀旧的情绪，多少体现的是一种精英情结。更古老的是牛津大学的导师制，在世人心中长期享有崇高的地位。在过去的几百年间，这种师生之间定期进行的小规模的甚至是一对一的直接学术交流一直被誉为镶嵌在牛津皇冠上的一颗耀眼的宝石。然而，随着高等教育大众化趋势愈演愈烈、政府对高等教育的投入日渐减少、教师科研压力越来越大，牛津导师制也在悄无声息地向"小组教学"转变。但就大学教育的理想来说，导师制仍然是璀璨的教育瑰宝，它代表了教育的科学价值和崇高美德，也呈现出教育应有的华丽和奢侈。

4. 课程是一种文化

课程作为文化就是把课程概念化为文化，以便注意课程开发中的信念系统、价值观、行为、语言、艺术表达、权力关系，以及教育发生于其中的环境，关注那些影响判断什么是正确和什么是适当的规范。课程文化表现为多种课程观。如"永恒主义"相信人的本性是不变的，主张教授永恒的知识；"进步主义"认为应当根据新知识和新的社会状况来改革教育，侧重点是学生的兴趣、学习的民主环境；"要素主义"重视学科知识，相信有一部分知识和技能是学习者必须掌握的，尽管这知识和技能是变动的；"改造主义"认为应当就严重的社会和经济问题进行教学，并致力于塑造一个民主的社会政治经济新秩序；"存在主义"强调个人选择和个人责任，主张尊重学生的自由并鼓励学生认识自己的自由。课程的价值取向是一种特定课程文化的核心。不同的课程文化有不同的课程价值取向。如认知过程发展取向：关注改善理智的运作过程，关注如何教而不是教什么，目标是磨练理智、发展认知能力；技术性课程取向：也关注如何教，把课程功能概念化为寻找一些高效率的方法，关心知识传递和促进学习的技术；自我实现取向：重视个人的目的和个人整合的需要，把课程看作是每一位学习者个人提供他所满意的、不断完善的自身经验，崇尚学生中心；社会改造主义取向：把社会需要放在个人需要之上，把社会改革和对未来社会的责任放在首位，认为社会可以通过学校教育的"自导"作用来改变自己；学术理性主义取向：关心的是让年轻一代获得能够帮助他们参与文化传统的工具，同时接触人类创造的最伟大的思想和事物，课程强调古典学科。英国知名学者托尼·比彻（Tony Becher）和保罗·特罗勒尔（Paul R. Trowler）合作的《学术部落及其领地：知识探索与学科文化》一书，是一部关于学科文化研究的力作，用作者的话说："高等教育的研究者主要集中研究了高等教育在结构和组织上的问题，而很少谈论特罗所称的高等教育的'私生活'。而我们最关心的就是后者，即其'私生活'，特别是研究学科范围以及在整个'大学科'范围内外的学科团体。"（托尼·比彻，等，2008）[31] 他们运用文化人类学的方法对学科知识与学术文化之间的关系做了细致的探究，揭示了特定的学术群体组织及其学术生活的方式，与他们所从事的知识活动密切相关，表明学科认识论与学术文化之间有一种不可分割的互动关系。比彻等的研究既丰富了大学课程文化，也为我们理解大学课程文化提供了一把钥匙。

寻求多学科的课程理解，探索一种新的研究视角，是本文的重要旨趣。

三、知识演进中的大学课程秩序——本文的研究设计

社会、经济、政治、文化的变迁决定着教育尤其是大学教育的功能、内容、组织和制度。大学从中世纪诞生起，历经近 8 个世纪，终于建构起包括教学、科研、服务为主要内容的大学功能，实现从传统大学到现代大学的跃迁。在以后的近半个世纪中，大学不断强化这些功能，在实现自身教育理想的同时，强化现时存在的合法性与合理性。教育质量稳步提升的同时，教育规模也在不断扩大，许多国家陆续实现高等教育大众化，大学教育进入一个新的历史发展阶段。尽管哈佛一位前校长洛韦尔（A. L. Lowell）曾豪迈地说："大学的存在时间超过了任何形式的政府，任何传统、法律的变革和科学思想，因为它们满足了人们的永恒需要。在人类的种种创造中，没有任何东西比大学更经受得住漫长的吞没一切的时间历程的考验。"（约翰·S·布鲁贝克，1987）[30] 所谓"昔人已乘黄鹤去，此地空余黄鹤楼"，大学作为场所仍然屹立在历史的风雨之中，但课程、教师、学生已经穿越了无数个轮回。对大学课程的研究必须置于当下特定的历史背景中。

1. 研究的背景分析

审视社会的变迁，当代大学教育主要面临三个方面的机遇和挑战。

一是高等教育大众化。在过去几十年中，继美国之后，欧洲、亚洲许多国家相继进入高等教育大众化阶段，并大踏步向普及化高等教育时代迈进。我国于 2002 年实现高等教育大众化。马丁·特罗指出，精英型高等教育首先关注的是培养统治阶层的能力和人格，使学生为在国家和学术专业中充当精英角色做好准备。在大众型高等教育中，学校仍然是为了培养精英，但这是一种更广泛意义上的精英，包括所有经济和技术组织中的领导阶层，高等教育发展的整体思路也从塑造人格转向传授更为具体的技能。而普及型高等教育则第一次开始关心为大多数人在发达工业化社会中的生活做准备。它的首要目的不再是为了培养精英，而是为全体公民。它关注的焦点是尽可能地提高人们的适应能力，去适应一个以迅速的和技术文化变革为特点的社会。（谢

作栩，2001）[13-14] 可见，高等教育大众化需要树立新的高等教育观，需要更多地关注学生的技能、适应生活的能力，这对大学课程变革提出了新的要求。

二是学习型社会逐步形成。"学习型社会是一个能支持个人终身学习的社会。"联合国教科文组织在 1999 年的一份报告中指出："处在今天逐渐复杂纷乱的世界，每个人以及所有的社会，都必须能够持续发展与使用各种不同的知识架构、价值体系、智力结构和技能。对于终身学习需要透过较为广泛的观点，赋予新的意义。学习不再只是一种仪式，也不仅是关联于职业需要而已。"（连玉明，2004）[3] 在学习型社会中，终身学习理念被越来越多的人所接受，并直接冲击着学校一次性教育的观念，需要高等院校着眼于学生的终身发展，合理规划学生在大学阶段的学习，其关键在于从学科或专业中心转向学生个体发展中心。早在 1991 年，美国劳工部就对终身学习的知识与技能做出明确的规定，包括：收集、分析和组织信息；交流思想和信息；计划和组织资源；理解和设计系统；解决问题；使用技术；运用数学概念和技术；与他人共事。（克里斯托弗·K·纳普尔，等，2003）[45] 目前的高等教育课程常常只限于特定领域的知识技能，从终身学习的需要出发，坎迪等呼吁大学课程改革要以终身学习知识技能作为核心，其次一级是通用性知识技能，最后表面层为各学科内容和情景性知识。（（克里斯托弗·K·纳普尔，等，2003）[76] 终身学习的社会现实使传统高等教育课程面临巨大挑战。

三是数字化生存方式。由于信息技术的推动，网络已经不仅是一张连接学习资源的平台，它已经成为高等教育组织的基本框架了。信息、知识和学习机会现在是通过强大的网络来传送给成千上万的人们的。那些从前只能是特权的极少数人才能获得的知识、学问及文化资源，现在可以在任何时间、任何地点迅速地传送给任何人。正如杜德斯达（James J.Duderst）所指出的那样："网络学习结构最适合提供随时随地的教育服务——也就是说，提供'及时式'的教育而不是'以防万一'的教育。应当承认，这也许不是与普通教育相关的一般学科的适当框架，但它完全有可能支配专业教育和与工作有关的学习。……在这样的统一体中，学位的重要性越来越小，而一个人学到了什么变得更有意义。……学习者、教师和研究者之间的区别会变得模糊。"（詹姆斯·杜德斯达，2005）[259] 由此观之，那种基于教材的课堂讲授已经不能满足学生的学习需要，因为知识的获得已经远远抛弃了讲授这一古老的途径，高等教育必须以新的课程形态确立自身的社会地位。

本文的研究正是在这样的背景上展开的。

2. 研究的问题与选题意义

在以上分析中我们看到，无论是在社会变迁，还是知识演进、大学教育变革的过程中，大学所追求的知识旨趣都在发生着变化，作为其实践核心的课程秩序也应作出回应。关于大学的知识旨趣是如何变化的？在这个变化的过程中需要建构怎样的大学课程秩序，包括形成怎样的课程开发模式、师生角色都发生怎样的变化、建立怎样的课程制度？等，在当代大学课程研究和实践中并没有得到足够的重视，更缺少有分量的研究成果。基于这样的现实，本文要研究的核心问题是"研究型大学知识旨趣的转变是如何影响和内生大学课程秩序的？"。在这一问题之中，"研究型大学知识旨趣的转变"是自变量，是一种历史的变化力量，它要求大学课程主动地适应这种转变，并内生新的课程秩序，新秩序是渐进生成的，需要通过研究使这种隐性的秩序显性化，通过研究对实践的引导推动和加快新秩序生成进程，在这个意义上，"大学课程秩序变革"是因变量。本文研究主要是对二者因果关系及对新的课程秩序的探寻。这一核心问题涉及六个具体研究问题。一是在当代大学发展的社会背景上分析"高深学问"作为大学的传统旨趣面临的挑战及其"个人知识"转向；二是把"基本素质培养"与"个人知识建构"作为基础教育与高等教育的目标分野，围绕"个人知识生成"这一核心价值思考高等教育的实践特质，建立大学课程开发研究的哲学基础；三是在"青年学习"与"儿童学习"的比较研究中，把握大学生学习文化，结合终身学习的实践诉求，建立以"个人知识"为整合要素的本科课程目标；四是基于个人行动的自发秩序原理，探索服务于学生个体发展的课程理念、解放学生学习权利的课程制度、满足学生多样学习需求的课程资源，建构学校课程制度建设、学院课程整体规划的实践模式；五是在传统基于教材的学习与基于行动的实践学习之间，探讨学生行动学习的必要与可能，建立以丰富学生经历为任务、以学生学习为中心的教学策略；六是分析教授的研究行为与课程开发行为，探讨教授作为课程开发者的行为特征、专业要求与实践内容，试图提出教授专业发展的时代命题。

本文研究的意义主要有三。

其一，作为大学课程理论建构的努力。目之所及，国内外的大学课程研究要么窄化为大学课程结构体系的研究，要么简单指向大学教材的编写，要么在课程理论与实践的框架内进行思考和探索，既缺乏大学课程价值、认识的研究，也缺少大学课程开发本体的探索。本文试图超越课程理论基于基础教育的思维模式，从高等教育的理论视野寻求大学课程的价值观，从特定认识论的视角建构大学课程的认识框架，从大学生自身发展需要出发建构大学课程开发模式，以此在大学课程理论建构上做出努力。

其二，提供大学课程改革的实践参照。当前的大学课程改革主要有两种取向，一种是在学科内对教学内容进行修修补补，一种是模仿哈佛大学的通识教育课程开发。发达国家的实践已经证明，大学课程改革仅在教学内容上动脑筋是劳而无功的，模仿哈佛大学也是要走弯路的。刘易斯作为前哈佛学院院长，对哈佛大学的课程改革进行过非常深刻的批判："改革强调'统揽全局'，从整体上把握课程计划，而不是修修补补。但实际上，新课程支离破碎、缺乏系统性。我所在系的一名同事私下里说，这次改革违反了工程学的两项基本原理：第一，设计解决方案前务必要理解要解决的问题所在；第二，在不能预知什么行动将导致怎样的结果时，就不要试图一次性改变太多。"本文的研究试图从新自由主义认识论出发，整体建构大学课程开发的实践框架，为大学课程变革提供系统思维模型。

其三，彰显高等教育研究学科性的具体尝试。长期以来，高等教育研究避开高等教育本体而热衷于从与经济、社会、文化等关系中进行边缘研究，习惯于就高等教育实践中的具体问题进行研究，边缘性研究使高等教育研究失去了学科性，问题解决研究本身忽视了教育问题个别性的本质而失去了研究自身的价值。在精英化教育阶段，高等教育不是教育问题而是社会、政治、经济问题，而在大众化乃至普及化阶段，高等教育强化了自身的教育性，更多地表现为教育问题。所以，大学课程作为高等教育的核心，其研究是提升高等教育学科性的必然选择。本文即是这一选择的重要尝试。

3. 基本概念诠释

"大学课程"（university curriculum）这一概念，国内学者大多是从一般课程的概念入手进行界定的。潘懋元教授、王伟廉教授曾指出，"根据教育是一种有目的的活动，并结合我国高等教育当前的研究状况，'课程'这一概念采用这样的定义是比较恰当的：课程是指学校按照一定的教育目的所建构的各学科和各种教育、教学活动的系统，"（潘懋元，王伟廉，1995）[127]并在随后的论述中将这一系统分解为"目标的确立与表述"、"课程内容的选择与组织"和"课程实施与评价"。谢安邦教授认为课程有狭义和广义之分:"狭义的课程是指被列入教学计划的各门学科,及其在教学计划中的地位和开设顺序的总和。广义的课程则是指学校有计划地为引导学生获得预期的学习结果而付出的综合性的一切努力。与前者相比,广义课程既包括教学计划内的,也包括教学计划外的;既指课堂内的,也指课堂外的:它不仅指各门学科,而且指一切使学生学有所获的努力。"(谢安邦,1999)[235] 薛天祥教授对课程的理解从知识拓展到人:"高等学校的课程,一方面是知识传播的媒体,另一方面更是知识生产、创新的'胚芽',涉及人的、教育的发展的各个方面。"(薛天祥,2001)[232] 在这些已有的讨论中,往往按照逻辑学原理的种属关系来分析,认为课程是大学课程的属,大学课程是课程的一个种。在逻辑关系上,课程是个上位概念,大学课程是从属于它的下位概念。问题就出在这里,因为课程研究主要是从基础教育实践展开的,基础教育与高等教育有着不同的实践范式,因此大学课程应走出一般课程研究的束缚,在高等教育的视野中寻求自身的意义建构。

对大学课程的意义发现是渐近的,现在还走在这种发现的旅途中。克拉克·克尔(Clark Kerr)在为鲁道夫 1977 年出版的《课程:1636 年以来美国本科生课程史研究》一书所写的前言中为课程下了一个定义,课程"就是学院提出的在人类不断发展的知识和经验中那些被认为是对某个时期受教育者的生活有用的、适当的或相关的知识和经验。"(Rudolph,Frederick,1978)[xxi] 卡内基教学促进基金会 1977 年发表的报告《大学课程的使命》中这样描述:"我们强调的是课程,它是代表着知识、信念、价值和技能的课目系统的主体,这些也是大学提供正式教育的预期结果。我们也认识到了拓展性课程(extracurriculum)的重要性,它是由学院或者学院相关的组织发起的娱乐、社交和文化活动等提供的非正式学习经验的组成部分。这些课程常常被称为隐性课程,它是由非正式学习和某些时候学生在师生交互过程中不经意的学习组成的,不是通过制度性的规则和传统有意识地展开。"(The Carnegie Foundation,1977)[xiv] 拉萨·R. 拉特卡等把大学课程定义为"情景中的学术方案",认为"方案包括行动的全部蓝图——目的、行动和测量的方法。要成功地实现目标,方案应该包括那些针对性强并行之有效的选择。从这个意义上讲,方案是理想状态的。任何学术方案的目的都是促进学生的学术发展,因此,设计方案时应考虑到特定的学生群体和学习目标。这个中心点要求课程和专业的设计者将学生的教育需求放在首位，而不是学科内容。术语'方案'以大家熟悉的词汇表达了学术领域许多教师所认识到的那种非正式的发展过程。"（Lattuca， Lisa R.，Joan S. Stark，2009）[4]学术方案至少包括以下要素：教学目标、教学内容、教学顺序、学习者、教学过程、教学资源、教学评价、方案调整等。学术方案可服务于单独的一节课、一门独立的课程、组合的课程、比学科更大的组织团体乃至整个大学，并强调组织层面的方案呈现出完整性和一致性。他们将课程界定为学术方案的目的是指出决策的关键点，这一点若能有效表达的话，学生的学术经历会被加强。他们指出："学术方案的定义蕴含着关注教育理念的慎重规划过程。这个过程会受到研究领域、教师、学生、组织目标等因素的影响。尽管存在这些变数，'方案'的观念给了我们启发——应鼓励决策过程更加深思熟虑。每一门课程都呼唤以下方案要素——是否被给予了有意识的关注？决策的过程是否慎重？或者是否曾经犯过错？将课程看作方案需要我们考虑所有的要素，而不是仅仅关注单个因素，比如具体的教学内容或者特殊的教学策略。"（Lattuca， Lisa R.，Joan S. Stark，2009）[4]在具体的实践行为层面，莱特克利夫（J. L. Ratcliff）则在更广泛的意义上描述了课程的定义：许多教师和管理人员一致认为：本科生的课程定义应作为学生获得学士学位的正式学术经历，尤其是那些包括工作坊、研讨会、学术会议、实习、实验以及其他非典型"课程"学习经历在内的广博定义。（Ratcliff，J. L，1997）[5-29]有关大学课程的这些理解拓展了"自明性"的意义，使当代大学课程的本质与属性逐步彰显出来。

可以看出，尽管对大学课程的定义不同，但各定义中都包括以下一个或多个要素：大学或专业的使命、目的或者大家普遍认为对学生学习非常重要的因素；权威人士（专家）认为所有学生都应该拥有的一系列经历；可提供给学生的一系列课程；学生实际能选修的一系列课程；具体的学科内容；院校提供教育的时间和学分结构；等。可以概括地说，大学课程（大学普通本科课程）是指为本科阶段学生所制订的基于高深学问中的普通知识与特定专业知识的学习、研究和行动方案及其实施过程。

"高深学问"（higher learning）又称"高深知识"，与"基础知识"相对，所谓"高深"只是知识代表的认识程度不同，是与高等教育相适应的知识形态，基础教育传播基础知识，高等教育研究高深学问，体现不同教育阶段教材所组织的知识层级的差异。陈洪捷对于高深知识有过较细致的描述：

"①高深知识是知识中比较高深和深奥的部分，是建立在一般性知识基础之上的；②高深知识是专门化和系统化的知识，需要专门的学习和训练才能掌握；③高深知识通常有专门的传播、发表和认可制度；④高深知识通常由特定的机构和组织来进行加工、传授和创新；⑤高深知识是一个相对的概念，在不同的历史时期和不同的文化之中，其内涵是不同的，其边界会随着人们认识能力的提高和知识价值观的变化而变化。"（陈洪捷，2006）有关"高深学问"，历来被作为大学的职能[1]，也是我国近代大学的重要定位[2]。布鲁贝克围绕"高深学问"构建了高等教育哲学，他认为：在出现大学的公共服务职能之前，"高等教育的主要职责一直是保存、传授和发展高深学问。"（约翰·S·布鲁贝克，1987）[17] 换言之，"每一个较大规模的现代社会，无论它的政治、经济或宗教制度是什么类型的，都需要建立一个机构来传递深奥的知识，分析、批判现在的知识，并探索新的学问领域。"（约翰·S·布鲁贝克，1987）[13] 这一机构就是"大学"。他在认同"高深学问"比基础知识在认知程度上处于高层级的同时，认为"在另一种意义上，这种程度在教育体系的上层是如此突出，以致使它成为一种不同的性质。教育阶梯的顶层所关注的是深奥的学问。这些学问或者还处于已知与未知之间的交界处，或者虽然已知，但由于它们过于深奥神秘，常人的才智难以把握。"（约翰·S·布鲁贝克，1987）[2] 这里布鲁贝克强调了由于知识的性质不同决定了高等教育与基础教育的性质差异，主要两点：一是表现在知识的已知层面，基础教育所传播的知识是明确的、是已知的，而高等教育所研究的高深学问有未知的成分；二是表现在知识的接受性层面，基础教育所传播的知识是普通大众都能接受和理解的，而高等教育所研究的高深学问只有精英层面的人能接受与理解。布鲁贝克基

---

1 早在 1912 年 10 月 22 日，教育部《专门学校令》第一条规定："专门学校以教授高学术、养成专门人才为宗旨。" 1912 年 10 月 24 日，教育部《大学令》第一条定："大学以教授高深学术、养成硕学闳材、应国家需要为宗旨。" 1912 年 11 月 2 日，教育部《法政专门学校规程》第一条规定："法政专门学校以养成法政专门人才为宗旨。"

2 1917 年 1 月 9 日，蔡元培在就任北京大学校长之演说中直言："大学者，研究高深学问者也。"嗣后，蔡元培在对《大公报》记者谈及其"大学之计划"时曾言："大学生向来最大之误解，即系错认大学为科举进阶之变象，故现在首当矫正者即是此弊，务使学生了解于大学乃研究学术之机关，进大学者乃为终其身于讲学事业。学生如此，教授亦如此，盖大学教授须一面教人，一面自家研究也。"在蔡元培看来，大学应"以研究为本位"，"研究学术"，也即"研究高深学问"。

于"高深学问"赋予了大学存在的合理基础，进而使"高深学问"成为高等教育哲学的研究核心。

"个人知识（Personal Knowledge）"一词，出自波兰尼《个人知识——迈向后批判哲学》一书的书名。所谓 "个人知识"并不是一种相对"科学知识"的另类知识形式，而是对科学知识性质的一种表述，主张知识是个人性与客观性的结合，知识的典型特征是个人性、意会性和信念性，强调个人的情感、意志、直觉或无意识的本能冲动是一种无法用概念和语言表述的、不能言传、且不能论证的知识，并把它们设定为人乃至世界的本质。波兰尼主要从"知识具有个人性，是一种要求技能的行为，是一种艺术"、"知识具有意会性，在一定程度上是不可言传的，是具有个人性的" 、"知识是一种信念，是一种寄托"三个方面表达其"个人知识"的认识论框架。（许泽民，2000）[45]波兰尼把个人知识分为"言传知识"与"意会知识"两类，他说："通常被说成知识的东西，像用书面语言、图表或数学公式来表达的东西，只是一种知识；而非系统阐述的知识，例如我们对正在做的某事所具有的知识，是另一种形式的知识。如果称第一种知识为言传知识，第二种为意会知识，就可以说，我们总是意会地知道，我们在意知我们的言传知识是正确的。"（迈克尔·波兰尼，1985）[14]这里波兰尼强调因不能言说而为个体所独占的知识部分即意会知识，这种知识是个人所拥有的知识的根本，它让主体能够判断其所掌握的言传知识是否正确，波兰尼把"意会知识"作为人类认识的本质。波兰尼强调，个人知识不是主观知识，强调科学研究中个体性介入的重要性，不是要将科学知识主观化。他从"个体知识具有普遍的意图"、"个体知识受责任心和必然性的支配"、"个体知识指涉了外部的实在"三个层面揭示了个体知识与主观经验的区分。（郁振华，2002）[14-15]这种区分旨在说明，个体知识的要旨在于，尽管每人相信为真的东西是有差异的，但真理只有一个。对"个人知识"给予关注的还有新自由主义旗手、1974 年诺贝尔经济学奖得主哈耶克（Friedrich A. Von Hayek）。哈耶克在分析知识在社会中的运用时指出："我们必须运用的有关各种情势的知识，从来就不是以一种集中的且整合的形式存在的，而仅仅是作为所有彼此独立的个人所掌握的不完全的而且还常常是相互矛盾的分散知识而存在的。"（哈耶克，2003）[117]这种个人所掌握的分散知识即"分立的个人知识"，具体指个人所具有而不为他人所知的那些对一瞬即逝之情势的专门了解的特殊知识。（哈耶克，2003）[121]在哈耶克看来，个人知识是与理论知识相对的一种知识，他的划分让人看到了知识并不是同质的。这种"个人知识"有两个特点：一是具有"分散性"或"分立性"[3]；二是一种"可以发现"和"可以阐明"的知识[4]。从这个意义上讲，哈耶克关于特定时空下的情势的知识，只是一种"知道那个（know that）"知识，而非"知道如何（know how）"知识。

综合波兰尼和哈耶克的观点，所谓"个人知识"，不是与科学知识相对的另类知识，而是对科学知识特征的一种阐述，旨在说明人的本质力量内居于科学知识，个人所拥有的知识大量是不可言传、只能意会的，是人在具体行动中表现出来的。"个人知识"意味着知识具有个人性、意会性、信念性、分立性和可阐明性。在大学培养目标的意义上，"个人知识"不是对传统"高深学问"的反叛，而是对"高深学问"的主体意义建构，旨在强调以高深知识为目的的教育走向通过"高深知识"实现学生自我充分发展的教育。其目标具体包括学生对专业知识的个性化建构、学生在具体情境中解决问题的能力、学生具体行动中所采取的独特思路与方法、学生对知识价值与自我需要的意知、学生的理智信念与情感寄托。

秩序（order），本文把课程概念化为一种秩序，试图揭示特定知识条件下课程实践所具有的稳定、和谐、持续状态，及其失调与转型，探讨当代知识背景上研究性大学正在发生的新的课程秩序。在我国古汉语中，"秩"和"序"含有常规、次第的意思。"秩"即为常规，西汉学者毛亨曾云："秩，常也。""序"通常指次序，《诗·小雅·宾之初筵》云："是日既醉，不知其序。"据

---

3 哈耶克认为，并不存在一种整合了的社会知识，也不存在那种把全部知识都化约成"科学知识"的知识，所存在的只是无法加以组织的为无数个人所特有的分立的知识，科学知识不是全部知识的概括，当然还存在许多工作经验甚至不可能被称为科学的知识。但正是在这方面每个人实际上都对所有其他人来说具有某种优势，因为每个人都掌握着有可能极具助益的独一无二的信息，但是只有当立基于这种信息的决策是由每个个人做出的或者是以由分工的积极合作而做出的时候，这种信息才能够得到运用。参见哈耶克《个人主义与经济秩序》，北京三联书店 2003 版。

4 在哈耶克那里，这种知识主要是一种独立于"知道者"且常常隐含于各种形式制度之中或为其他行动者所拥有的知识，所以行动者本人未必一开始就拥有这种知识，但是他们却能够经由学习等手段而掌握这类知识；而这也意味着，行动者对这类知识的把握和传播，实是以一种"知"或"有意识"的方式达致的，因为行动者知道他们所需要的知识和所知道的东西并且能够阐明它们。参见邓正来《哈耶克社会理论》，复旦大学出版社 2009 年版。

东汉学者郑玄诠释："序，第次其先后大小"。古人所说的"言有序"、"长幼有序"或"以岁时序其祭祀"等，都指的是这个意思。可见，"秩"和"序"在古代都是对某种有规则状态的概括。后来西晋陆机在其《文赋》中曾写道："谬玄黄之秩序，故典忍而不鲜"，把"秩"和"序"连在一起使用。（辞海编辑委员会，1999）[4705—4706] 此后，"秩序"一词逐渐被广泛应用于社会的政治、经济以及日常生活之中并成为反映社会生活有序性的一个基本范畴，意即"次序"，也指人和事物所在的位置，有整齐守规则之意。在《汉语大词典》中也有类似的解释：有条理，不混乱，符合社会规范化状态。（罗竹风，1991）[70] 对"秩序"概念的词义解释强调了协调和规范的特点。在《The Shorter Oxford English Dictionary on Historical Principles》（1933 年版）中，order 一词作为名词主要有四类含义：Ⅰ.Rank generally; a rank, grade, class. Ⅱ.Rank in specific departments. Ⅲ. Sequence, disposition. Ⅳ.The action or an act of ordering.（The Shorter Oxford English Dictionary on Historical Principles, 1933）[1381—1382] 作为动词的含义主要是对名词含义的转换。具体分析 order 一词的以上含义我们发现：第一类词义关系到社会整体分层或社会某一单元的分层，是对社会差别的一般性描述和概括；第二类词义是对社会生活的某一专门领域或部门的分层和差异的描述和概括，关系到宗教、精神生活、科学甚至自然领域；第三类词义是对某种顺序、次序和安排、布置的状态的抽象，涉及到各种复杂而有共性的情况。在《Longman Modern English Dictionary》（1977 年版）对 order 一词的解释中，除包含着许多与上文中提到的解释中相类似的内容外，还具有该词在社会生活的其他领域例如经济领域的应用内容。比较"秩序"中英文的词义，可以看出：第一，虽然各个时代的理解分别有不同的侧重点，但此概念在中西方都广泛应用于社会生活的各个领域；都包含着对次序、顺序等状态的理解和对社会差别的描述。第二，英语中 order 一词有与秩序概念在中文中不同的含义。前者有"命令"的含义而后者未有，但两者都与规范相关。中文中更强调次序和位次尤其是在政治生活和人际关系中；英语中更强调与法律和规范相关、与权利和权威相关的社会生活的正常状态或和谐状态，强调从行动看次序和顺序。第三，《汉语大词典》的解释已与在英语中的理解大体相符。这表明我们在汲取思想资源时，既要注意中西方和不同时代的理解的差异的一面，又要看到人们对秩序概念的理解的相同或相似的一面。特别是在现代社会，虽然在文化传统等因素的作用下人们的理解仍会有差异，但对于秩序概念的理解已经变得易于沟通并十分相似了。秩序是多学科研究的范畴。社会学把社会秩序看作是 "表示社会有序状态或动态平衡的社会学范畴。" （中国大百科全书编委会，1991）[353] 包括相对的稳定社会结构、正常实施的各种社会规范、对无序和冲突的控制等。政治学或法学往往把秩序直接等同于法律或社会制度等社会规范体系，强调社会秩序与社会权威或政治权力相关的意义，强调与自由等价值理念相对应的意义。经济学往往把秩序理解为某种经济体制性质和特征的根本要素，而经济体制又嵌入特定的道德、法律和政治结构中并与这分秩序共同构成了社会活动。（阿尔弗雷德·席勒，等，2006）[1] 好多对秩序都有自己的理解。哈耶克认为："社会的秩序，在本质上便意味着个人的行动是由成功的预见所指导的，这亦即是说人们不仅可以有效地运用他们的知识，而且还能够极有信心地预见到他们从其他人那里所获得的合作。"（哈耶克，1997）[160] 我国学者韦森认为，秩序是 "人们在团体、组织、社群和社会活动与交往中所构成的一种有条不紊的结果、状态和情形的事态"。（韦森，2001）[119] 纪宝成所说的社会秩序是："在一定规则体系的基础上社会系统运行所体现出来的一种有规律、可预见、和谐稳定的状态。"（纪宝成，2003）[14] 本文把秩序理解为特定实践系统中由制度推动而形成的一种相对稳定、和谐与可持续的状态，秩序转型是指特定实践系统秩序从维持、失调到生成新秩序的变迁过程，也包括通过特定实践系统中的制度设计与实施促进新秩序生成的实践活动。本文的秩序转型特指大学课程系统的秩序转型，把大学课程作为一种社会整体秩序中一个实践系统，且具有相对独立的秩序状态，在大学发展的历史进程中，分析大学课程作为一种系统的秩序的不断变迁，以及外部和内部各种力量的相互影响，在准确把握大学课程秩序自然进化的基础上，强化大学课程的秩序意识，自觉地认知秩序的失范并推动和谐实践秩序的形成。

4. 研究方法选择

现代课程研究范式是泰勒（Ralph W. Tyler）建立起来的，又称 "泰勒原理"。他认为："如果我们要从事课程编制活动的话，就必须回答这些问题：学校应该达到哪些教育目标？提供哪些教育经验才能实现这些目标？怎样才能有效地组织这些教育经验？我们怎样才能确定这些目标正在得到实现？这 4 个问题也可以看作是课程编制的 4 个步骤：确定目标；选择经验；组织经验；评价结果。"（拉尔夫·泰勒，1994）[1] 这四个步骤构成了现代课程开发范式的基本框架，所谓"泰勒原理"就是对这些步骤的进一步解释。"确定目标"是核心，其它步骤都是围绕目标展开的。所以，泰勒的课程研究范式又称为目标模式。

英国著名课程理论家劳伦斯·斯滕豪斯（L. Stenhouse）在批判目标模式的基础上，提出了课程研究的"过程模式"。在他看来，目标模式的基本假设是：教育应该关注学生行为表现的变化。其最大的特点就是它的条理性和简易性，但它有明显的缺陷，具体表现为忽视课堂教学的经验、目标分解与知识的性质和结构相矛盾、强调控制而把个人需求边缘化、过高估计了教育者教学理解与预测学习结构的能力、根据学生的行为变化来衡量课程与教学的成败等。所以，他尝试探索一种新的课程编制策略，它不把预先具体规定的目标作为起点，但又能够对课程和教学过程做出有效的说明。这就是所谓的"过程模式"。在他指导的"人文学科课程设计"中，尝试采取了过程模式的课程编制方式。他从知识和理解的角度陈述宽泛的目的，设计了一种与该目的逻辑上相一致的教学材料和教学过程。这样，目的被分析成学习过程或输入，而不是预期的行为结果或输出。过程模式的目的在于编写一种课程说明，阐明存在哪些可能的学习结果，并把这些结果与它们的起因联系起来。它的公式可表述为："如果你在这个学校背景下对这类学生使用这些材料并采用这些程序，导致的结果将会趋向于 X。"（施良方，1996）[172-111] 这种课程说明作为一种对教学过程的假设，由教师自己在具体的情境中验证和调整，他据此提出"教师就是研究者"。

在施瓦布（J. J. Schwab）看来，课程开发习惯性地依赖理论，已经走到了穷途末路，他提出了实践的课程探究模式，其方式是"集体审议"，按"实践-准实践-择宜"的思路运作。在他看来，课程审议涉及备择方案的形成与选择、遵循实践的逻辑而不是形式的逻辑、具有集体的和教育的特征。课程审议作为实践的艺术，是针对每个个人所感知的各种个别的、具体的、特定的情境而言的，这样的情境都是一个特定的整体，显然与理论研究课题迥然不同。这种实践的艺术是感知的艺术、是问题解决的艺术。准实践艺术是实践艺术的延伸，我们所遇到的问题情境往往不同于一种单个的、孤立的"纯"实践的情境，而是由相互关联的、多样的个别情境所组成的准实践的情境。处理准实践情境中的问题远比处理"纯"实践的问题更复杂，准实践的艺术就是准实践决策过程的艺术和准实践的决定的系统表达方面的艺术。择宜的艺术就是折中的艺术，旨在为课程决定提供辩护。施瓦布认为，课程审议的重点应放在学科内容、学生、环境与教师这四个基本要素的协调与平衡上。（施良方，1996）[192-206] 施瓦布的实践模式强调课程开发的实践性与情境性，将课程开发与课程形成统一起来，开阔了课程研究的思路。

如果说目标模式、过程模式与实践模式作为课程研究范式，更注重于课程编制的话，波斯纳（George. J. Posner）的课程分析框架则是一种典型的课程研究范式。他提出，反省式的折中主义是课程研究的中心，"反省式的折衷主义建立在这样的假设之上：尽管我们都不有意承认，在教育中并没有万能药；想为教育问题寻找一劳永逸的解决办法只是白费气力；不同的情境需要不同的行动。那些课程专家们，在假定他们能解决任何问题而不论问题的具体情境的时候，就犯了根本性的错误。课程决策者需要的是对无数课程的理解。但为了避免'垃圾桶'般的折衷主义，他们应该理解在每一个课程决策背后的两难选择，能够明了在每种方法背后默认的假设。当人与人之间这样做的时候，他们就能够批判性地看待这些课程选择和他们倡导者的主张。"（乔治.J.波斯纳，2007）[5] 因此，波斯纳课程分析的视角，是引导课程开发者对现成的课程理论与实践案例进行研究，为课程决策提供依据。据此，他提出如下课程分析框架（乔治.J.波斯纳，2007）[20]：

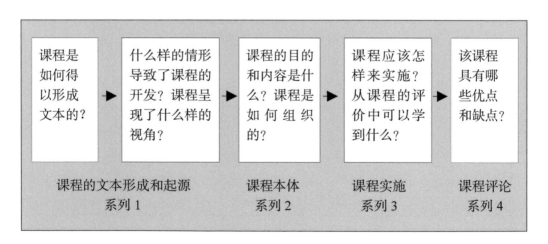

图 0-1：课程分析框架

这种框架也可以说是课程分析的主要流程，每一流程波斯纳都提出了诸多具体的课程分析问题。波斯纳认为："课程分析是必须的，因为它居于由教师和管理者所履行的两个任务——课程选择和课程调整的核心。当为一个具体的班级、学校或学区选择或调整课程时，判断该课程是否适合于要应用研究的情境非常重要。……如果你认为学科的标准恰当地描述了学生们的知识和能力，你的分析就应该调查课程与标准的一致程度。一旦你学会了怎样来做全面和完整的课程分析，你就会发现你已经内化了从事该事业的基本感觉。"（乔治.J.波斯纳，2007）[34] 实际上，波斯纳的课程分析框架也是课程实践建构的一种模式，为课程研究提供了具体的范式。

从泰勒到波斯纳，变迁中的课程研究范式都是在一般课程论层面展开的，较多地是基于基础教育课程开发实践的研究，对大学课程研究提供了必要的理念和模式参照。大学课程由于实施中更偏重于研究、其实施主体是具有高理解力的青年、其内容选择嵌入过多政治及社会文化因素，其研究范式内在地要求与一般课程论不同。本文把课程作为秩序进行研究，从价值层面回归学生主体，学生个体的课程需要成为研究的分析起点，社会科学领域广泛运用的"方法论个人主义"，提供了重要的方法论依据。

"方法论个人主义"（Methodological Individualism）这一术语源于韦伯的"关于方法的个人主义"或"个人主义方法论"（Individualistic Methodology）。这个术语，是米塞斯将"个人主义方法论"转述成现在的形式，即"方法论个人主义"。方法论个人主义作为一种社会科学方法论，具有悠久的历史和传统，它是在"个人主义"与"整体主义"的论战中形成的。"方法论个人主义"的原则坚守这样一个信念，即个人是社会科学分析中的终极单位，所有社会现象只有考虑行为者个人的情况才能得到合理的解释。方法论个人主义有两条至关重要的前提：其一，所有的行为都由个体完成；在面对外部世界、通过"选择"或"策略筹划"对外部世界中的机会与限制做出反应时，个体是自给自足的固定实体。因此，对社会现实的分析必须从个体开始。其二，除了社会中每一个个体的行为之外，"社会集体"在现实中根本不存在。因此，"社会集体有自己的意志和目标"这一诊断是错误的。政府、公司、国家之类的"集体"全都是抽象概念；除了组成它们的每一个个体之外，它们本身在现实中是不存在的。（G·霍奇森，2005）[90-91]

方法论个人主义的理论构建首先由韦伯在其社会学解释理论中完成的。韦伯在《经济与社会》中提出：在社会学著作中，社会集体（social collectivities，诸如国家、协会、公司、基金会等）必须被视为单个的人的特定行动的组织的结果与模型。韦伯赋予个人行动以优先性是因为他认为只有行动才是可以"主观地得到理解"的。在韦伯那里，个人行动（action）是行为（behavior）的子集，是由意向性状态（intentional states）所激励的行为。个人行动对于韦伯的重要意义在于：我们可以理解它，而对它的理解所依赖的乃是对当事人的潜藏的动机（motive）的理解。而其他社会现象（集体现象），无法像个人行动那样得到理解，因为它们不是被意向性状态所激励的（集体不具有意向性状态）。由此，行动-理论解释（action-theoretic explanation）模型是社会科学解释的核心。这样看来，韦伯的目的与其说是在社会科学的解释中赋予了个人以优先于集体的地位，不如说是赋予了解释的行动-理论解释模型的优先性。韦伯把这种解释同理性人联系了起来。因为方法论个人主义涉及对个人动机的追寻，但是社会学家显然更倾向于将解释抽象化、一般化，而非求助于特定个人的具体动机，所以社会学理论必须基于人的行动的某种模型（"理想类型"，ideal type）：理性人。正如韦伯所说，把行为的所有非理性的、为感情所决定的成分视为一个在概念上单纯的理性行动的类型的变种，是方便的。韦伯的方法论个人主义最重要的后果之一就是它将理性行动理论置于社会科学研究的中心。

奥地利经济学派的创始人门格尔（Carl Menger）在其经济学研究中强调了方法论个人主义的基础地位。众所周知，门格尔对经济学的突出贡献是引入了边际效用（marginal utility）的理念。在其名著《国民经济学原理》中，门格尔讨论指出，决定商品的价值和价格的，既不是生产它的劳动，也不是生产的总耗费，而是参与经济的个人的主观评估。门格尔把一个市场体系的运作概念化了，认为市场体系受个人的主观评估所控制，这种个人的主观评估决定了整个生产结构与分配资源以及稀缺资源的计数。门格尔鉴于自己的《国民经济学原理》被当时经济学界所忽视，于是写了一部专门论述方法论的著作《社会学和政治经济学方法研究》，与德国历史学派进行方法论论战。门格尔强调对国民经济现象的理解回到它们的真正元素（elements），回到国家的单个的经济（singular economies），并且探究前者是如何由后者构成的那些规律，把复杂现象还原为它们的元素的问题。门格尔这种方法实际上是一种原子主义的方法论，对方法论个人主义的辩护，在门格尔也就成为对原子主义方法论的辩护。

熊彼特于 1908 年提出了"方法论个人主义"这一话语，把方法论的个人主义和"政治上的个人主义"区分开来。[5]他强调方法论个体主义也不同于社

5 熊彼特在《经济分析史》中，通过"政治上的个人主义"、"社会学上的个人主义"和

会学上的个体主义，它是经济学家用于解决经济问题的一种合理方法，它分析的出发点是对个体的描述，试图从个体出发推出微观经济学的整个理论。经过几十年的沉寂，哈耶克和波普尔在二战之后重新阐释了方法论个人主义。哈耶克在其文集《个人主义与经济秩序》中探讨个人主义的文章题为"个人主义：真与伪"，他虽然没有使用"方法论个人主义"这一术语，但是其"真个人主义"实际上包含着两个层面：方法论层面和规范层面，如哈耶克本人所说："真个人主义首先是一种社会理论，亦即一种旨在理解各种决定着人类社会生活的力量的努力；其次，它才是一套从这种社会观念中衍生出来的政治准则。"（哈耶克，2002）[11]哈耶克认为"真个人主义"是旨在阐明自生自发秩序理论，主张个人享有自由，强调个人理性所能设计或预见的局限性。[6] 在哈耶克看来，个人的理性始终受逻辑上的局限，并无法客观审视自身的行动，个人也永远无法摆脱所处时代及社会的局限，也就无法对自身行动做出理智的判断。在他看来那种宣称凭个人理性能够周全地顾及各方面条件的人是一

"方法论个人主义"的对比分析阐明了方法论个体主义是一种经济学的分析模式。"所谓政治上的个人主义"，是指经济政策问题上的自由放任态度。所谓"社会学上的个人主义"，是指 17 和 18 世纪广泛流行的观点，认为自我控制的个人构成社会科学的基本单位；认为所有社会现象都可分解成为个人的决定和行动，而对个人的决定和行动不必也不可能用超个人的因素作进一步的分析。 "方法论上的个人主义"是怎样应用于那个时代的一般经济学的实际过程的呢？可以证明，在主要使他们感兴趣的问题的范围内，也就是在有关经济机制的逻辑性的问题的范围内，那个时期的理论家所采用的方法，可以作为方法论上的个人主义来加以辩护，而且他们的研究成果，就其本身而言，实质上并没有受到这种方法所固有的限制的损害。"（参见约瑟夫·熊彼特《经济分析史（第三卷）》，北京商务印书馆 1996 所版第 208-210 页。）

6 哈耶克真个人主义所主张的具有社会性的"个人"观，有三个要点：首先，作为"个人"构成要素的"个人行动"及其"客体"实际上都不具有本体论上的实在地位，因为这些构成要素并不是由所谓的物理特性或某一终极原因决定的，而是由种种不确定的主观因素所导致的结果。其次，哈耶克进一步主张，在我们认识或理解个人行动及其客体的时候，起关键作用的实是作为认识者的我们与被认识者所具有的意见或意图，因此社会科学家不应当而且也不能只关注孤立个人行动的"事实"或者仅仅关注个人行动之客体的"物理特性"。简而言之，在社会科学中，事物乃是人们认为的事物。再次，社会科学家对社会政治秩序或社会经济秩序的认识或理解必须经由对个人行动及其客体施以"类推"认识的方式而得到实现，换言之，当我们在认识和理解个人行动及其客体的时候，我们总是会把我们所知道的那种客体分类系统投射到该行动者的身上，并且依据这种方式对我们实际上看到的行动添附其他意义。（参见哈耶克《个人主义与经济秩序》，北京三联书店 2002 年版）

种"致命自负",他主张一种进化论理性主义,认为不断试错、日积月累是文明进步的前提,文明只是一种偶然获得的成就,人们对内在于社会的一般性规则的遵守是实现个人目的的基础,尽管这种系统规则不一定被认识和把握。在哈耶克看来,"社会"作为集合体不是给定的客观事实,是人心智建构的产物[7],是经由个人的行动、意见和态度而得到建构的,社会只是个人的理解。

分析马克思主义(analytical Marxism)学者、哥伦比亚大学教授埃尔斯特(Jon Elster)将方法论个人主义引入对马克思的著作的研究,使其成为分析马克思主义的方法论基础。埃尔斯特重视个体选择和筹划在历史发展中的意义。他以社会中、特别是市场经济社会中个体理性而自私的基本选择行为作为分析起点去阐释社会事件的发生及结果。他试图以方法论个体主义为原则,去解释马克思以阶级、生产力和生产关系、经济基础和上层建筑的矛盾运动为框架所解释的革命现象,认为"所有社会现象——其结构和变化——仅仅在涉及个体(其品性、目标、信念和行为)时才基本可以理解"(Elster, Jon. 1985)[5]。埃尔斯特的方法论个人主义,在个人行动方面主张不介入自私和理性特征,需要一种很泛的背景、一些个性特征的描述需要以别人为参照、个体对社会的还原不是机械的而是有机的。埃尔斯特强调解释社会现象的方法论个人主义提倡回到个体和微观基础,从个人角度出发解释社会现象。

霍奇森(Geoffrey M. Hodgson,英国 University of Hertfordshire 商学院教授)最新研究认为,方法论个人主义存在诸多模糊点:普遍的方法论上的必要性还是学科(子)的分水岭?是关于社会本体论还是社会解释?是依据个体进行解释还是仅仅用个体进行解释?他认为:"所有对社会现象令人满意的

---

7 哈耶克通过真个人主义观念的阐发,既是为了否定孤立个人决定社会存在的有效性,也是为了否定所谓前定的社会结构决定个人存在的有效性。据此,哈耶克对集体主义进行了批判。哈耶克认为,方法论集体主义就是以诸如"社会"或"阶级"这类颇为盛行的解释性观念的有效性为基础的,对于"集体主义"来说,诸如社会、国家、无产阶级或诸如此类的概念,与行动者个人相比较,不仅具有首位的实在性,而且也有着更大的价值。"集体主义"还经由将一般性的"理性"观念和"意志"观念偷偷转换成特定的"群体心智"、"集体意志"或"主体者意志"这种方式,不仅赋予了那些概念以整体性,甚至还赋予了隐藏在背后的某个特定个人意志以正当性。"集体主义"的实质在于:一方面否定任何并非直接出于更改设计甚或理性不及的各种社会力量,另一方面则试图仅根据唯理主义的理性观并且以极端的方式从政治上、经济上和道德上重构社会秩序。(参见哈耶克《个人主义与经济秩序》,北京三联书店 2002 年版)

成功（包括经济学当中的）解释，都包含了个体之间的互动关系。换言之，即使被还原为个体，个体之间的互动关系仍然被包括在这个解释中。"（G·霍奇森，2008）[287-293] 他指出，依据个体和社会结构解释社会现象，是多了一个标签而不是多了一个选项，由此，方法论个人主义描述为"方法论结构主义"或"方法论制度主义"或许同样合理。我国学者赵汀阳由儒家思想发展出来的"方法论的关系主义"（methodological relationalism），表达了另一种理解。他说："方法论的关系主义以关系作为基本单位去分析人类行为和价值观，思考重心不在个人而在关系，但并非否定个人利益，而是优先确保关系安全和关系利益，以便更好保证各自利益，优先考虑关系的最优可能性以求开拓更大的可能利益和幸福。"（赵汀阳，2011）[91] 在他看来，方法论的关系主义与其说是一种伦理主张，还不如说是另一种更为合理、更有远见的理性计算方法。在此意义上，方法论的关系主义就是试图发现一种更好的存在方式，是要建立一个更合理的理性概念，以中间人视野的关系理性去代替单边主义的个人理性。实际上，哈耶克的真个人主义已经包含了这些主张。从这个意义上说，哈耶克的方法论个人主义具有经典意义，本文的研究主要以此为方法论基础。

综上所述，方法论个人主义作为研究的方法论基础，旨在强调个人、个人行动和客体都是主观因素导致的结果，对事物的把握需要个人认知，对社会秩序的理解需要从个人行动及其客体加以类推。方法论个人主义作为方法论在大学课程研究中的应用主要有三点。一是提供教育秩序自发性的理论假设。哈耶克的自发秩序原理冲击着教育固有的计划秩序属性。在传统认识中，教育设计者根据社会发展需要对学习者的未来进行规划，并通过教育计划的实施帮助学习者达成发展目标，但在哈耶克看来，基于个人理性的教育建构始终受逻辑上的局限，教育实践外加于学习者的所谓未来只能是一种幻想，学习者的有效发展应是在个体互动中偶然获得的成就。这就是教育秩序的自发性。自发性的教育理论假设为基于学生主体需要的课程开发提供了理论基础与实践思路。二是提供个体行动解释的教育认知方法。根据方法论个人主义的主张，教育作为一种社会实践并不是能够把握的客观事实，我们所理解的教育不是教育的整个实体，只是基于我们的视野从"整体"中选择出来的某个部分，由于教育实践总是个体行动相互作用的产物，教育理解则是通过个体行动对教育整体的一种还原。个体行动能够被认知是依赖于对个体动机的理解，客体的属性总是投射到行动者身上。在方法论个人主义的视野中，教育认知是通过对学生学习和教师教学的行动及其知识等客体的认知加以"类推"而实现的。这为从大学生生存方式、个体需要、互动行为等出发研究大学课程明确了具体路径。三是提供关系利益最大化的教育实践取向。在方法论个人主义的辩论中，基于师生个人行动的教育实践并不是师生个体行为的相加，而是主体之间、主客体之间互动关系的产物，有效的教育实践总是作为外在要求的社会一方与内在要求的主体一方的平衡、是不同学习个体之间以及与服务学习的教师主体之间关系利益最大化的结果。在这个意义上，大学教育的内在结构及其外部环境决定着学生存在的价值与意义，决定着学生学习行动的具体方式。因此，学生学习本位的课程秩序形成，重点是推动大学课程内外制度的变革。这种教育实践取向内在地规定了大学课程秩序研究的内容框架。

在方法论支撑下，本文的具体研究思路有四点。一是建立大学课程研究的理论框架。围绕"个人知识"这一核心概念，在秩序理论视野中、以制度分析为基本框架寻找实践的核心要素，基于这些要素深化为课程开发的实践要素，结合 "意会认识原理"、"自发秩序原理"建构大学课程开发的实践框架。二是进行大学课程秩序转型的相关历史研究。包括大学课程内涵的变化、大学教授课程行为的变迁、学生学习方式的演化等，以建立大众化条件下大学课程开发的理论与实践范式。重点探讨"高深学问"作为一种大学课程秩序的运行状态以及在当代背景上所遭遇的挑战，以"个人知识"这一核心概念描述当代大学课程的应有秩序。三是有关课程开发现状的调查研究。包括大学课程开发认识水平、大学课程制度建设现状、大学课程改革的现状、教授现实的课程开发行为、学生学习现状等，从"个人知识"课程观出发对现状进行价值判断与事实分析。四是有关大学课程开发、大学生学习的案例研究。包括部分研究型大学课程建设的案例研究、个别大学教授课程开发的案例研究、代表性学生的学习案例研究等。

综上所述，本文研究的总体思路可以用 V 形图[8]表示如下：

---

8 V 形图（Vee diagram）是一种有助于人们理解知识结构及知识建构过程的启发式工具，通常可包括研究问题、关键思想、概念、事件、数据以及结论等。

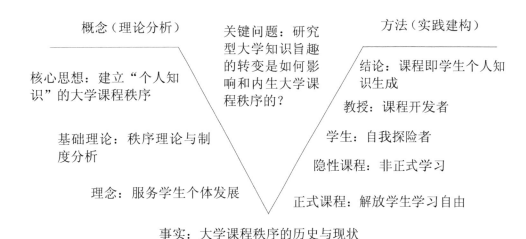

图 0-2：本文研究的整体思路图

本文在方法上试图在以下几点进行创新性探索。一是将秩序理论和制度分析作为理论框架引入大学课程研究，体现研究思路的创新。二是结合大众化教育理论对"高深学问"的课程观展开批判，建立"个人知识"课程观，进行大学课程哲学基础的重建。三是根据大学生学习心理、意会认知原理、自发秩序原理，整体建构基于个人知识生成的大学课程开发范式，进行大学课程开发理论的创新。四是提出课程秩序、正式规则、背景约束、行动学习、教授作为课程开发者等创新性实践命题，丰富大学课程研究话语体系。

5. 研究框架与论文结构

就"秩序"作为一种稳定和协调之状态的意义而言，社会有社会秩序、经济有经济秩序、政治有政治秩序、文化有文化秩序，教育自然也有教育秩序，课程秩序则是教育的核心秩序。在大学教育发展的历史进程中，尽管大学课程处于不断变动之中，但在不同的历史时期也表现出稳定和协调的状态，从而形成了不同的秩序类型，如普遍真理秩序、高深学问秩序等。一般认为，制度促成秩序，同时制度也是秩序的直接载体。制度分析为大学课程秩序研究提供了有效的理论框架。

制度是约束人们行为的一种规范，是一种"游戏规则"，制度分析实质上是人的行为分析、利益矛盾分析、人与人关系分析的总称。在形形色色的制度分析理论中，因为诺贝尔经济学获得者道格拉斯·C.诺思（Douglass C. North）

对文化的特别关注而被广泛认同。诺思在《制度、制度变迁与经济绩效》一书中，开明宗义指出："制度是一个社会的博弈规则，或者更规范一点说，它们是一些人为设计的、型塑人们互动关系的约束。"（道格拉斯·C.诺思，2008）[3] 在他看来，正式规则、非正式约束以及它们的实施特征作为基本成分构成制度。宪法、法律、行政法规、组织内部的规章等是正式规则，价值信念、伦理规范、道德观念、风俗习惯、意识形态等为非正式约束，这些规则和约束在社会现实中得以实现的机制和过程构成它们的实施特征。诺思认为，正式规则与非正式约束之间常常存在着复杂的互动，且二者与它们的实施方式一起，型塑了我们的日常生活，指引着我们生活的大部分尘世活动，也是制度的稳定性和持存的根源。"非正式约束的主要作用是修改、补充或扩展正式规则。因此，正式规则或其实施的变迁，将导致一个非均衡状态的出现，因为构成稳定选择理论的基础的，是一个包括正式与非正式约束以及各种实施在内的综合因素。"（道格拉斯·C.诺思，2008）[120] 诺思指出，制度分析从根本上来说并不是研究博弈规则，而是研究个人对这些规则的反应。尽管这些规则可以即时改变，但个人对规则变化的反应却是一个极其复杂和缓慢的适应过程。规则的变化要求规范、惯例和非正式准则的演进。[韦森，2008（代译序）][16] 由此来审视大学课程，特定时期的大学课程体系，是由若干课程编制、结构和实施规则构成，人类学习和生活的诸多价值观念、文化、伦理和习惯无不嵌入大学课程的实施过程之中，其实施中的许多机制和过程环节以及要素关系则彰显着课程的实践表征。诺思的制度分析框架完全适应于大学课程秩序的研究。大学课程体系作为正式课程对应于正式规则，学校的文化、组织、非课程性制度以及生活环境、人际关系等作为隐性课程对应于非正式约束，课程实施中的互动机制和管理、评价等行为对应于实施特征。对大学课程变迁的分析也就是一种制度变迁的分析，是制度变迁导致了课程秩序的不断转型。根据诺思的制度分析理论，正规课程、隐性课程和课程实施为基本成分构成大学课程秩序的分析框架。

以制度分析为研究框架，本文的具体结构如下：

引言，探寻大学课程研究中的知识问题。从知识探索与大学课程的内在关联，寻求超越知识的大学课程研究思路，明晰本文的研究设计。

第一章，大学课程是一种秩序的存在。从分析大学课程研究的问题与现状入手，明析当代大学课程研究的缺失，探寻大学课程作为秩序的意义、实践表征和功能，分析大学课程秩序的生成、类型和维持条件，基于理论探讨疏理大学课程秩序从"普遍知识"秩序向"高深学问"秩序变迁的历史轨迹。

第二章，高深学问秩序的当代反思。从分析高深学问秩序的维持条件入手，基于现状调查等实证研究，阐明高深学问秩序与社会需求的疏离、学问本位课程与学生发展需要的脱节、管理制度与教授观念的冲突等问题，从而得出高深学问秩序失调的结论和秩序重构的必要性。

第三章，个人知识秩序建构的必要与可能。分析当代知识的特征及对课程秩序的影响，找寻个人知识与课程重构的内在关联，对有关个人知识的理论进行综述，明晰作为课程秩序的个人知识的意义轨迹，在大学理念、课程目标、课程开发实践思路等方面对个人知识秩序进行建构，并基于实践案例分析阐释大学课程个人知识秩序生成的可能。

第四章，促进个人知识秩序生成的制度重建。根据制度变迁的框架，围绕以学生学习为中心的整体设计的正式课程、丰富学生的学术经历的隐性课程、以服务学生行动学习为主旨的课程实施进行制度设计，以彰显个人知识秩序的制度诉求。

第五章，走向"发展自由"。通过分析大学演进中自由意义建构的嬗变，探讨大学所追求自由的当代命运，基于大学课程"个人知识秩序"的理念诉求，探寻从学术自由走向"发展自由"的必然性，从学理上阐述发展自由的内涵，基于个人知识秩序探讨学生与教师的发展旨趣。

结语，秩序自觉中的学生个人知识建构。

第一章　大学课程作为秩序的存在

对于大学老师和学生来说，课程从来就是一个不言自明的概念，就是指学习的科目和具体内容。这种"自明性"造成作为大学教育核心的课程开发，还停留在自然的实践状态，远没有成为自觉的专业行为，有关大学课程的研究往往包含在学科研究或教学研究之中，被大学教育的问题话语所淹没。在社会文化不断转型和大学教育急剧扩张的背景上，大学课程的"自明性"遭遇两方面的挑战。一是"知识"解释的多样化。课程作为学习内容，其实质是知识的社会组织。麦克·扬（Michael F. D. Young）就知识如何在课程中得到组织提出三个相互联系的问题：其一，某些规定有"价值"的知识是什么的权力，提出了一个需要说明的问题，即知识是如何"分层"，又是根据什么标准分层的；其二，对不同群体进入知识领域的能力的限制，提出了一个与课程有关的问题，即对不同年龄群体而言，特别是对于在各个年龄层次影响专门化程度这一类型的社会因素而言，他们可以接受的知识范围是什么；其三，是知识领域之间的联系和能够获得这些知识的人之间联系的问题，即在不同的时间和文化中通过像"科学"这样的术语，探讨的领域究竟包括哪些方面。（麦克·扬，2002）[40-41] 这些问题探讨的是课程背后的意识形态、权力结构和利益群体，是知识回归实用与价值之后课程对社会关系的适应。表面上作为学习内容的课程，实质上是社会控制的有机组成部分。由此，我们不得不思考，为什么大学课程被称为"学术的墓地"？为什么大学学术课程的任何变化都会受到疯狂的抵制？为什么大学课程变革能够成为大学教育改革的先导力量？二是学生发展需要的多元化。在过去的半个世纪里，高等教育规模以惊人的速度增长，1980 年大学生的入学人数大约是 5116 万名，2006 年则达到 13939 万名，日本、韩国和芬兰等国家的高等教育毛入学率已经超过 80%。（菲利普·阿特巴赫等，2010）[143-144] 在高等教育大众化时代，接受大学教育的学生来自不同的社会背景，拥有不同的知识能力，学生更加多元化，兴趣和目标各异的更多元的学生群体为课程分化带来更大的压力，这使课程开发的任务更加复杂。德兰迪（Gerard Delanty）认为这种状况是导致知识模式变化的重要因素："大众教育、社会异议及新的社会运动、新信息技术的涌现的结果，即知识比以往任何时候都更广泛地在社会中传播——不再限于精英分子的范围，而是更多地被公众掌握。这样，普通知识与专业知识再也分不开了。这种洞察力是自反理论的基础，也就是说，在晚期现代性中，知识越来越关注对自身的适应性，而不是关注对其他事物的适应性。"（杰勒德·德兰迪，2010）[6] 德兰迪对现代社会中知识自反性的洞见，揭示了当代大学课程开发应有的价值取向，即促进知识多样化以满足每一个学生的发展需要，为每一个学生提供适宜的课程。在这种认识中，课程必然从静态质料或结构走向动态的制度化过程。大学教育发展历程中课程认识所遭遇的挑战，不是赋予了大学课程新的意义，而是使我们越来越清晰地看到了本来就属于大学课程的意义大陆，大学课程不仅仅是作为素材性资源的知识体，而是一种复杂的社会实践秩序。

一、当代大学课程研究的现状与问题

当代大学课程研究的现状分析主要从国内和国外两方面的文献研究入手，在此基础上审视我国当代大学课程研究存在的主要问题。

1. 我国当代大学课程研究的现状考察

我国对大学课程的研究较早是从研究国外课程开始的。1948 年翻译出版，由陈锡恩先生撰写的《美国大学课程的改造》一书，是所见最早专门研究大学课程的著作。作者时任美国南加州大学教育学教授兼东方文化研究系主任，他专门访问美国各地大学，分析介绍了美国大学在 20 世纪 20-30 年代进行的课程改造运动，涉及学分制改革、概论学程实验、以生活为中心的课程改造、学生的素质发展等诸多内容。由于我国的教育研究缺少课程研究范式，当前国内针对大学课程的研究专著并不多,改革开放以来最先出版的是张圻福的《大学课程论》（江苏教育出版社，1992 年），该书以大学课程的理论基础、建设原则、建设实际以及大学课程沿革和理论流派为线索，是对大学课程理论一个整体概貌式的描述。时隔 10 多年，浙江大学季诚均教授出版了《大学课程概论》（上海教育出版社，2007），该书围绕大学课程内涵、设计、设置、实施、评价、管理等要素展开研究，借鉴了一般课程论的思路，但没有彰显大学课程的本质。近年来，为了构建具有中国特色的高校课程体系，许多研究者从国际大学课程走向、面向未来的课程理念创新、大学文化素质教育课程体系、人才培养模式与大学课程结构模式创新等专题展开研究，取得了新的研究成果。王伟廉教授《高等学校课程研究导论》（广东高等教育出版社，2008）一书，主要研究高等学校课程与社会诸因素的关系、与人的发展的关系、与文化科学知识的关系，围绕生成系统和实施系统构建了高等学校课程系统分析框架，该书对高校课程理论建构进行了有益的探索。苏州大学母小勇教授出版的《后现代高等学校课程研究》（福建教育出版社，2011）一书体现了最新的大学课程研究成果。该书在反思传统高等学校课程在"成人"与"成才"方面的缺失和偏颇，从生命哲学的角度论述了现代高等学校课程忽视大学生生命活动、心灵体验和精神陶冶的弊端，揭示了后现代高等学校课程回归和完善生命的本质，对高校课程关怀大学生生命绵延、呵护大学生生命冲动的观点、方法和策略进行了建构。全面审视当代大学课程研究（改革开放以来），主要可以分为三个阶段。

一是以教学研究为主、课程作为教学计划的研究阶段。主要处于上世纪后期，高等教育中总体缺少课程概念，即使是教学研究也相对落后。潘懋元先生主编的我国第一本《高等教育学》（人民教育出版社，1984），从大学教学过程的特殊性、教学原则、大学课程论及教学环节四个方面系统论述了大学教学问题，可以看作是对当时大学教学研究的总结。其中大学课程论主要讨论了教学计划的安排问题，把教学计划看作是各个专业培养目标的实施方案以及各专业课程体系的总体设计，代表了当时的大学教学与课程思想，课程就是作为教学计划方案来加以理解和研究的。针对在相当长时期内大学课程研究缺失的问题，龚放教授认为主要有三个原因："其一是在基础教育领域，'课程'这个术语意味着教育内容和形式、体系的规划或模型。因此，它往往强调'系统性'和'基准性'等内涵。而经典的高等教育恰恰反对类似的'系统化'或'基准化'，主张个性化教学和个别性指导。其二，经典的大学，特别是洪堡创建的德国柏林大学十分强调'教学与研究相结合'，'由科研而达至修养',强调学生通过独立探索和与教授的研讨来掌握新知、提高修养。这一理念对欧美大学,特别是研究型大学的影响很大。……注重探求新知、追求真理的意识和能力,而不讲究教学的艺术与技巧,成为大学人才培养的重要特点。其三,大学教师的发展与晋升,很大程度上取决于他们的研究水平和研究成果,而不像中小学教师那样取决于教学的优秀与效能。"(龚放,2010) [24-25] 这些问题依然影响着大学教育研究者和广大大学教师的课程意识,使大学课程研究远远落后于教育的发展。

二是以大学通识教育课程研究为主的阶段。世纪之交和本世纪初,国内掀起大学通识教育课程研究高潮,也是学界在大众化条件下应对高等教育问题的重要回应。这方面的研究专著有:专门以介绍美国的通识教育的《通识教育——一种大学教育观》(李曼丽,1999 年);从比较研究的角度介绍美国、中国大陆、台湾、香港等高等院校通识教育课程的《大学通识教育课程论稿》(张寿松,2005 年);从教育史的视角探讨中国高等教育史上的通识教育及其课程的《中国大学通识教育》(冯慧敏,2004 年)等。 阎光才博士的专著《大学的人文之旅——大学本科教育中人文社会科学的价值重估》(2005 年)主要是从人文学科在大学中的地位、人文学科在大学教育中的功能等方面进行探讨,来研究本科教育的基本问题。台湾学者关于高等院校通识教育研究比大陆学者要起步早一些,比较有影响的有:黄俊杰教授的《大学通识教育探索:中国台湾经验与启示》(2002 年)和《大学通识教育的理念与实践》(1999 年)。在《大学通识教育的理念与实践》一书中,黄教授从建立人的主体性和儒家文化中"全人教育"的视角探讨了"通识教育"的概念,梳理了在工业社会中实施通识教育的困境和现如今通识教育面临的挑战,并提出自己的通识教育构想。书中还详细介绍了美国和日本部分大学实施通识教育的经验。《通识教育探索:中国台湾经验与启示》一书主要是从大学知识社群特质与专业伦理和道德教育的需求方面探讨了通识教育的重要性,详细地介绍了台湾大学,特别是教育中实施通识教育的经验,并从职业教育和公民教养要求上展望了21 世纪台湾实施通识教育前景。

三是走向大学课程结构、管理、开发等研究阶段。新世纪以来尤其是近几年来,大学课程研究话语发生重要转变,课程研究由作为教学内容转向课程开发过程,由通识教育课程拓展到整个大学课程体系,由具体的问题领域走向课程理论的建构,课程研究实现了应有的转向。这集中反映在博士论文的选题和研究中。《大学课程管理的理论与方法研究》（2000 年厦门大学博士论文，唐德海）探讨了课程管理的理论基础，系统研究了高等院校课程管理的基本问题，对课程目标、课程内容、课程内容的组织、课程评价等高等院校课程编制因素的管理的本质及内在规定进行了分析。《走向创新时代的大学课程发展——以综合性大学本科为例》（2002 年华东师范大学博士论文，周海涛）从创新时代人才素质要求的角度，探讨我国综合性大学应该构建为大学生创新素质发展服务的课程体系。《高等学校课程体系现代化研究》（2004 年厦门大学博士论文，胡弼成）探讨了高等院校课程体系现代化的特征、课程编制现代化表现等问题，运用矛盾分析法和系统动力学原理，呈现了现代社会大学课程对现代性的追求路径。《20 世纪美国大学课程思想的演进》（2005 河北大学博士论文，郭德红）在 20 世纪美国高等教育背景上，以大学本科课程思想为研究对象，重点研究了美国 20 世纪主要大学课程思想主张及其影响，提供了美国大学课程思想的全貌。《普通高等院校本科基础课程研究》（2006 华东师范大学博士论文，李海芬）立足于高等教育实践，以本科人才培养作为切入点，运用历史研究、比较研究和调查研究等方法，对本科基础课程的基本问题进行了系统探讨。《我国大学课程观的反思与建构——基于从实践出发的理论探讨》（2007 华中科技大学博士论文，朱晓刚）基于从实践出发的理论研究范式，该研究对我国大学课程的历史发展进行了梳理，分析了我国大学课程的特征，对我国传统的大学课程观做出了归纳，反思了其时代弊病，并尝试建构一种新的大学课程观。另外，还有《提高大学课程实践自觉性的哲学探讨》（2003 年厦门大学博士论文，叶信治）、《大学人文教育与人文课程》（2005 华中科技大学博士论文，谭伟平）、《大学课程的建构性研究》（2006 华中科技大学博士论文，欧阳文）、《知识论域下的高校德育课程》（2008 西南大学博士论文，邓达）、《大学课程决策研究》（2010 湖南师范大学博士论文，常思亮）、《我国研究型大学本科课程结构变革研究》（2010 年厦门大学博士论文，姜凤春）、《社会需求视域中的大学课程变革——基于江苏省六所大学的研究》（2011 年南京大学博士论文，徐高明）、《高校课程结构优化论——以英语专业为例》（2011 年湖南师范大学博士论文，戴小春）等。可以看出，近年来，围绕大学课程研究撰写的博士论文数量逐年增加，大学课程研究的话语也趋向多样化，说明大学课程研究正在走向繁荣。

2. 国外大学课程研究现状简述

卡内基基金会自 1974 年成立以来，对大学课程的研究已经成为关于高等教育政策研究和推动教学发展研究的重要领域，先后推出三本著作，对大学课程的改革和发展产生了重要影响。第一本是《大学课程的使命——当代建议综述》（Missions of the College Curriculum：A Contemporary Review with Suggestions，1977），作为大学课程的评论，该书试图推进对众多院校课程问题和课程开发展开讨论，帮助人们理解现存课程，梳理现阶段课程的主要问题和改革方向的建议，指出一些更有效的获得课程变革的预期目标和方法。第二本是美国著名历史学家弗瑞德里克·鲁道夫（Frederick Rudolph）著的《课程：1636 年以来的美国本科课程学习史》（curriculum：A History of the American Undergraduate Course of Study Since 1636，）一书，用生动的、具有历史转折点意义事件展示了课程所承受的来自高等院校内部和外部的持久的冲突和压力，描述了课程如何反映美国社会已事实上是解决社会冲突的战场，在探讨课程内容变迁的同时揭示出课程被谁设计并分析了其中的原因。第三本是亚瑟·莱文（Arthur Levine）编订的《大学本科课程手册》（Handbook on Undergraduate Curriculum，1978），作为政策咨询研究，提供了影响大学课程决策的诸多信息，从课堂层面到研究机构，以及教育服务和消费者，每一方面都围绕定义与历史、发展现状、批评与建议展开。拉萨·R. 拉特卡（Lisa R. Lattuca）和约恩·S. 斯塔克（Joan S. Stark）的新书《型塑大学课程：情境中的学术计划》（Shaping the College Curriculum：Academic Plans in Context，2009），建构了一种新的课程观，将大学课程看作一项方案，鼓励教师和管理者将课程看作一个对教学和学习有重要意义的决策过程，他们提倡的学术方案模式不仅显示了课程决策的复杂性，也明晰了课程决策的过程性，使教师和管理者能够对"如何让学生的学习成效最大化"这一问题进行思考。重要的英语文献还包括：《设计和改进高等教育的学程和课程：一种系统的方法》（Robert M. Diamond，Designing and Improving Courses and Curricula in Higher Education：A Systematic Approach，Jossey-Bass Inc.，Publishers，1989.），《学院的教学目标》（Kenneth E. Eble，The Aims of College Teaching，Jossey-Bass Publishers，1990.），《课程前景与民主展望:高等教育中领导阶层的变化》（William G. Tierney，Curricular Landscapes，Democratic Vistas：Transformative Leadership in Higher Education，Praeger publishers，1989），《理解本科教育》(Robert L. Emans, Understanding Undergraduate Education, University of South Dakota Press, 1989.),《本科课程手册：关于目的、结构、实践和变革的全面指南》(Jerry G. Gaff, James L. Ratcliff, and Associates, Handbook of Undergraduate Curriculum：A Comprehensive Guide to Purposes, Structures, Practices, and Change, San Francisco：Jossey-Bass Publisher, 1997.),《管理大学课程：向着共同的目标前进》(Jean Bocock and David Watson, Managing the University Curriculum: Making Common Cause, The Society for Research into Higher Education & Open University Press, 1994.),《探索美国高等教育遗产：哲学体系和政策的演变》(E. Grady Bogue and Jeffery Aper, Exploring the Heritage of American Higher Education： The Evolution of Philosophy and Policy, Oryx Press, 2000.),《高等教育中的隐性课程》[Eric Margolis（ ed ）. The Hidden Curriculum in Higher Education. New York & London：Routledge, 2001.],《课程手册：第一个百年》(William L. Schubert, Ann Lynn Lopez Schubert, Thomas P. Thomas，Wayne M. Carroll，Curriculum Books：The First Hundred Years, New York：Prter Lang Publishing, Inc. , 2002.),《大学课程：增进学生学习的发展和培养方案的研究》(Lisa R. Lattuca, etc.College and University Curriculum：Developing and Cultivating Programs of Study that Enhance Student learning. Boston：Pearson Custom Publishing，2005.) 等。

许多涉及到大学课程的高等教育著作被翻译到中国来。约翰·S·布鲁贝克的《高等教育哲学》(2001 年) 中用专门的章节讨论了课程选择、课程结构与课程组织等问题，对课程的适切性与合理性、课程的学术性与实用性以及跨学科组织方式等进行了深刻的学理分析。德雷克·博克的《回归大学之道——对美国大学本科教育的反思与展望》(2008 年) 堪称大学本科课程哲学，作者基于当代本科教育的问题，提出本科教育应有的目标取向，围绕这些目标的落实进行了系统的论述。哈佛委员会的《哈佛通识教育红皮书》(2010 年) 是影响深远的大学通识教育经典著作，是通识课程研究的必读书，既系统阐述了通识课程的哲学基础，又提出了大学通识课程开发的结构形态。弗兰克·H.T.罗德斯的《创造未来：美国大学的作用》(2007 年) 专章讨论了本科课程重建问题，明确提出课程开发是教师的责任，而课程开发最好的办法是考虑学校应该培养什么样的学生，以此为出发点寻求课程的改进。其他涉及大学课程研究的著作主要有：亚伯拉罕·弗莱克斯纳的《现代大学论——美英德大学研究》（2001 年）、克拉克·克尔的《高等教育不能回避历史——21 世纪的问题》（2001 年）、欧内斯特·L.博耶《大学——美国大学生的就读经验》（1993年）、伯顿·克拉克的《高等教育新论——多学科的研究》（2001 年）、罗伯特·M.赫钦斯的《美国高等教育》（2001 年）、伯顿·克拉克的《探究的场所——现代大学的科研和研究生教育》（2001 年）、迪·芬克的《创造有意义的学习经历——综合性大学设计原则》（2006 年）、哈瑞·刘易斯的《失去灵魂的卓越——哈佛是如何忘记教育宗旨的》（2007 年）、D·A·库伯的《体验学习：让体验成为学习和发展的源泉》（2008 年）、托尼·比彻等的《学术部落及其领地：知识探索与学科文化》（2008 年）、安东尼·史密斯等编的《后现代大学来临？》（2010 年）、杰勒德·德兰迪的《知识社会中的大学》（2010 年）、大卫·帕尔菲曼的《高等教育何以为"高"：牛津导师制教学反思》（2011 年）等。

　　置入大学发展的历史进程，国外大学课程的诸多理论建构反映了当代大学课程的实践转型，主要表现在三个方面。

　　一是课程目标研究从关注专业知识转向关注学生素质发展。美国一些著名大学的校长在他们的论著中，对本科教育的课程目标作了深入的思考。前哈佛大学校长德雷克·博克指出，在一个变化的、破碎的社会里，本科生教育最重要的产物就是"不受教条束缚的，由人文主义价值所滋养的有判断力的头脑。"为此，他认为本科教育有八大有价值的目标：表达能力，批判思维能力，道德推理能力，公民意识，适应多元文化的素养，全球化素养，广泛的兴趣，为就业做准备。（德雷克·博克，2008）[39-48]密西根大学前校长詹姆斯·杜德斯达认为："在一个需求不断变化的世界里，本科生教育的一个目标必定是要使学生们要做终身学习的准备。有句老话说，大学教育的目的不是为学生的第一份工作做准备，而是要为他们的最后一份工作做准备。"（詹姆斯·杜德斯达，2005）[65]康奈尔大学前校长罗德斯（Frank H. T. Rhodes）从探讨有教养的人的素质结构出发，根据社会、企业对人的素质要求，提出了本科课程较为明确的培养目标："以开放的态度对待他人，有倾听、阅读、观察和分析理解的能力，可以清楚准确地用语言、文字表达自己的意见；自信和好奇心，并且有能力保持自信和满足好奇心；对于自然界和社会的构成有一个正确的认识；理解人类经历和表现的丰富性与多样性；对于某一特定领域具有一定的专业知识和热情，包括知道该领域的假设、实质性内容、思维模式和种种关系；做一个有责任感的公民，包括对他人的尊重和与其他人友好相处的能力；具有自我约束、个人价值观和道德信仰的方向感。"（弗兰克·H.T.罗德斯，2007）[117] 罗德斯认为，这些品质的实现并非只是对通识教育的回归，同样可以通过专业化的课程来实现。大学必须通过学生学习目标的实现来达到自身的目标，而不是重新设定或者替代学生的目标。"学校必须把学生当作一个完整的人来教育而非一些支离破碎的知识传授的对象。"（弗兰克·H.T.罗德斯，2007）[118]

二是从关注大学课程的内容到关注大学课程的系统变革。早期高等教育著作如赫钦斯的《美国高等教育》，对课程的研究主要在课程内容上，主张课程由那些永恒的学习构成，具体内容是那些经典名著。布鲁贝克则在高等教育哲学视野下对大学课程变革进行了系统的研究。他强调大学课程目标的确立既要体现学术性又要具有社会性。主张以传播、创造高深专门的知识为中心的同时，要以社会价值为中心，教育目标的确立和具体教育活动的开展都应根据社会发展需要来确定。他倡导价值多元课程结构。这种多元价值体现在理论学科与实用学科的有机结合上，他认为，学院和大学常常要么忽视实际学科，把它们当作理论性学科来对待，要么只对它们的理论成分加以考虑。要满足课程的适切性需要就必须把实用学科和理论学科两者结合起来。布鲁贝克重视跨学科的课程组织方式，认为"其方法是严密符合逻辑的，与高等教育的认识原理相一致。每一步它都为概念的探究所支配。任何学科都极为重视确立概念的方式，以及把这些概念当作流动的而不是固定的探究的对象来对待。"（约翰·S·布鲁贝克，1987）[111] 这种方式具体表现为三步：人们在获得了普通文化基础知识之后，接受一门学科的训练；应用这门学科去探讨该领域中的一些问题；通过共同问题把各门学科联系起来。这种对概念化的强调体现了高深学问课程的本质。

三是从课程的精英主义走向课程的大众主义。作为大众化高等教育理论的建构者，马丁·特罗对高等教育大众化阶段的课程实践提出了自己独特的见解。精英型大学教育的课程倾向于高度结构化，大众化阶段大学教育中以半结构化的课程序列为特征；精英化阶段大学所设课程高度专门化，大众化阶段课程间的结合更加灵活，同时也更易于在不同专业领域及学校间流动。精英阶段大学教育集中进行，大众化阶段学习与生活之间的区别更趋减少；精英型高等教育师生之间表现为一种个人关系，在大众型高等教育中师生关系开始减弱；精英阶段高等教育是第三阶段教育，学生住校不间断地学习，大众阶段入学口径日益宽泛，走读学生增多，学生在校期间可以进行短期创业。

3. 我国当代大学课程研究存在的问题

我国高等教育界对大学课程研究的重视程度不高，对大学课程在教育质量提升中的意义和价值认识不足，导致大学课程研究的整体水平有待提高。问题主要表现在以下三个方面。

一是研究视野较窄。全面考察我国学者有关大学课程的研究，主要集中于三大领域：对现有课程体系的反思、对通识课程的研究、对西方尤其是哈佛课程的借鉴。缺少基础的理论研究、缺少具体实践问题的深度探讨、缺少对课程制度的多元检视、缺少对课程主体的全面诠释。对课程体系的研究往往站在宏观的、整体的高度思考问题，不涉及系统内部要素的关系，而只关注作为一个整体系统的特点。提出具体的行动方案时，长于对课程设置加以论述，强调最多的是重视人文课程、重视课程设置的综合化等。研究大多是就课程体系而谈课程体系，没有看到现行课程背后的政治思维、政校关系、师生互动以及知识理论等方面的假设，也没有捕捉到大学自身课程能力的缺失。对通识课程的研究，总是片面强调文化素质课程的重要性，总是追求课程上做加法，缺少对学生作为人的整体发展的科学认知，人为割裂通识教育与专业教育的关系。实际上，任何专业教育课程都追求一般能力培养与专业知识提升的有机统一，大学通识教育必须在专业课程中得到强化和延伸。在新的社会背景上，从前仅把专业课程看作是狭窄的、传统的职业和专业训练，现在则把它重新解释为更为关注专业知识、素质提升与工作技能之间的明确联系和相关；从前主要关注专业或职业技能，现在则更为关注一般技能；素质培养从前是隐蔽课程，是个人化的、附带的和偶然的，或多或少被看作是一种自然的过程，现在则是显性课程，是外显的、明确的各种形式的结构和功能。对国外大学课程的研究，尤其偏爱哈佛的核心课程。热衷历史和国际经验时常会掩盖现实的真实问题，任何课程改革举措都有其历史的合理性和局限性，对哈佛核心课程的偏爱则是缺少专业自信的表现，因大学的学科分割而胆怯，因课程能力的不足而裹足。视野的局限制约了课程研究的品质，有的学者甚至因此而言大学课程不可研究、无研究前途。以个人能力和喜好对待研究是典型的学术堕落。

二是学科意识欠缺。高等教育研究的问题解决取向，造成了没有学科意识的先天不足，大学课程研究亦是如此。大学课程与一般的高等教育问题不同，有着浓厚的学科背景，具有很强的专业性，是教育学科中最具专业品质的研究领域，从范式选择到研究方法、从要素关系到实践形态，从政策设计到制度安排，从教师的教到学生的学，都有科学的研究规范作参照。大学课程研究中学科意识欠缺，主要表现在三个方面。其一，依赖一般课程论。一般课程论主要是基于基础教育课程开发行为的研究，对课程的理解、要素分析、开发过程、编制技术等知识可以作为大学课程研究的参照。但是大学课程与基础教育课程在实践模式上有相当大的区别，大学课程的实践主体是青年，基础教育课程的实践主体是儿童，大学课程的内容主要是高深学问，基础教育课程内容是基础知识，大学课程的实施方式主要是对话与研究，基础教育课程的实施方式主要是活动与讲授。这决定了大学课程研究对一般课程论的依赖是有限的，从一般课程理论导入大学课程研究往往不能彰显大学课程的实践特征，很难说具有学科的合理性。其二，缺少研究框架设计。许多大学课程的研究文章和专著，往往就问题谈问题，普适性地关注"是什么"、"为什么"、"怎么做"几个基本问题，较少从特定问题出发，结合大学课程研究的内在要求和实践表征，进行体现学科性的研究框架设计，所以造成语言和概念的贫乏，造成要素的不整，也就失去了应有的学科品质。许多有关西方大学课程历史和经验的研究，往往只是一种史料的梳理而缺乏学理性分析与批判，同样反映了对大学课程研究框架的无知。其三，没有方法建构。教育学科研究本来就缺少具有学科特点的研究方法，经常运用的是一般的社会科学研究方法，据此，许多学者自然地用一般的社会科学研究方法研究大学课程，在以科学实证或数据分析（往往经不起学理追问）为时尚的今天，习惯于做点调查、搞些访谈、整点案例，简单的实证方法时常遮蔽了研究的片面性。大学课程是一种实践活动，大学课程研究是具有很强情境性的研究，需要建构具有实践理性和行动分析的研究方法。

三是研究主体单一。大学课程的研究队伍主要是以教育专业为背景的高等教育研究者，而大学课程的管理权在教学管理者手中，大学课程的开发权则在具有一定学术权威地位的教授们手中，管理者关注行政大于课程专业，开发者关注学科大于课程知识，管理者和开发者较少进行具有专业性的课程研究。这种课程研究与管理、开发行为的分离，给大学课程研究带来诸多问题。首先，课程研究严重脱离实际，就只能从总体上、宏观上入手，难以进入具体实践领域进行深入的研究，研究的视域受到局限，难免会热衷于别人的经验、热衷于形而上的分析、热衷于说点应然的对策。其次，课程研究成果难以向实践行为转化。大学的学科壁垒决定了大学课程研究成果较难进入各学院教授们的研究视野，即使有实际的课程专业需求，那些所谓强学科的自以为是的教授们也不会认同教育的研究成果，这就在客观和主观两个层面筑起了课程理论向实践转化的障碍。其三，课程研究缺少信心。以上两个问题直接导致大学课程研究有时陷入自娱自乐的尴尬境地，有的学者以此断言大学课程研究没有前途，许多人更愿意把研究精力花在那些招生、就业等非教育研究上，作为大学教育的刚性核心——课程，其研究的生命力受到严重影响，这是大学教育的悲哀。大学课程研究需要唤醒广大大学教师的课程意识，需要进行课程观念的启蒙。历史必将证明，在高等教育大众化并向普及化迈进的背景上，质量问题成为大学教育的核心问题，学生问题成为学科教学的难点问题，当质量与学生进入教学中心的时候，课程开发问题也就必然进入大学教育工作中心；当课程能力成为教授的专业能力，当教授成为课程开发者和研究者的时候，大学课程研究的春天就随之到来。

二、大学课程的秩序分析

如前所述，在高等教育走向普及化的背景上，大学课程作为学习科目与具体内容的"自明性"，受到知识解释多元化和学生发展需要多元化的双重挑战，当代大学课程越来越多地被理解为借助学术方案的制订与实施，帮助学生建构各种正式或非正式学习经历的过程。大学课程作为社会实践活动，具有多方面属性，这些属性构成了大学课程作为秩序存在的基础。

1. 大学课程的基本属性

一是大学课程是一个实践系统。课程首先是社会实践体系的子系统。从功能上来说，它通过结构化和内容选择与实施，借助考试、评价、学位证书等手段，全面提升人的专业能力和全面素养，把人分配到相应的社会角色中，包括职业的、经济的、政治的或组织的，也包括个人的和家庭的关系。以课程为核心活动的教育是社会最重要的公共事业，不管是普及教育还是精英教育，都通过人的发展、文化的建构而型塑社会。其二，它是具有自身历史传承的实践体系。有大学就有课程，尽管在不同的历史时期大学的形态和机构性质不断变化，大学课程则始终按照自身的演进规律在传承与变革，即使在当代课程中，古代"七艺"、中世纪神学、哲学、文学与逻辑等依然在大学教育中占有重要的地位，变化的是新科学的进入，是课程内容的更新，是具体学科在课程结构中地位的变化。大学课程的任何变革都是以对传统的继承为前提的，这种历史的存续铸就了大学课程的持续发展力，赋予大学存在的合理性。其三，大学课程开发本身是一个实践系统。课程开发包括理念的确定、目标的选择、资源开发、内容设计、过程安排、活动组织、管理与评价等诸多实践环节，每一环节都是社会环境、教育资源、学生、教师等要素的有机互动过程，课程开发无疑是一个复杂的实践系统。王伟廉教授将课程看作一个不断与外部环境进行相互作用的开发系统，并用下图表示：

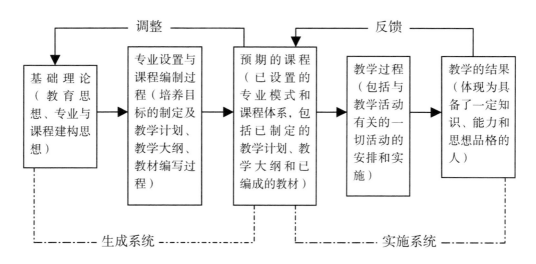

图 1-1：大学课程系统图

　　在王教授看来，大学课程系统由"生成系统"与"实施系统"两个子系统构成。其中"基本理论"是系统的输入部分，通过"专业设置和课程编制过程"具体化为"预期的课程"，这就是课程的生成。预期课程的实施即"教学过程"，取得"教学的结果"，构成了课程的实施。依据结果反馈预期课程的问题，以调整原有的理论，形成课程自身的评价体系。（王伟廉，2008）[13-15]这种系统分析彰显了课程作为实践系统的面貌，有利于更好地把握大学课程的实践特征。

　　二是大学课程有一套程序规范。课程理念始终是当时经济、社会、文化等环境规范的产物，也是教育理想的内在规定；课程编制是具有很强专业品质的行为,受一系列专业要求的规范;课程的实施、管理和评价本身就是基于规则的主体互动过程。离开规范就不存在课程,课程规范主要包括内容组织、修课制度和学位资格等。从古典人文课程到科学实用课程,大学课程在内容组织上没有超越知识本位取向,只是随着学院的建立和专业的分化,知识的门类不断增加,引发学生学习的分化。进入课程的知识往往体现了国家的和阶级的利益,知识分化的背后也体现了文化和地位的分配。当代课程内容的选择仍然是国家意志的本质体现,首要任务是担负起把人整合成一个拥有共同文化的社会群体的责任,使人们掌握有关自然环境和社会构架的必要知识。从制度主义观点考察,这种内容组织存在明显的缺陷:忽视如古典文学等具有超越性的传统的重要性和权威作用,专注的是现代的社会文化;有一种国家化和全球化取向,极少强调地方社区和区域文化知识的学习;强调知识和行为具有普遍性意义的模式,却极少顾及青年人接受教育后将来如何发挥作用。(约翰·W·梅厄,等,2004)[257-258]围绕课程修习建立的各种规范是大学课程制度的核心。学院的建立适应了学科不断分化以及新科学知识进入大学课程的需要,课程出现专业区分的同时,在专业课程与通识课程博弈的过程中,选修制逐步走向历史舞台。19 世纪以前,几乎所有的大学都采用学年制,主要是以班级为单位组织教学,统一规定学生所修课程、顺序和进度等要求。德国大学比较特殊,他们崇尚学术自由的原则,包括教学自由和学习自由,所谓学习自由,包尔生(F. Paulsen)这样描述:"在德国大学中学习,全以学习自由原则为基础……。除了对修业时间有一定的规定外,几乎一切事项全在个人:没有必听的课程和中期性的考试,……每学期选什么课程全由自己决定,而且听课与否全在自己。学习自由包括什么也不学、什么也不做的自由。"(陈洪捷,2002)[78]这种学术自由原则是在哈勒大学和哥廷根大学确立的,到柏林大学创办时,学术自由已成为德国大学的重要特征。基于学习自由的课程状态是早期的选修制。托马斯·杰斐逊最早把选修制引入美国大学。1825 年,在杰斐逊的倡仪下,弗吉尼亚大学成立,有一条基本规定:"每一个学生都可以自由地到他所选择的学院去听课,而且只能由他自己来选择。"(赵祥麟,2003)[212]自由选课和听课成为这所学校的特色之一。1869 年,年仅 35 岁的化学家埃利奥特(Cherles William Eliot)被选为哈佛大学校长,他在就职演说中明确宣布赞成选修制,布鲁贝克认为:"在呼吁建立这一制度的过程中,十九世纪占主导地位的自由竞争和放任主义给予了埃利奥特极大的支持。像人们从政府过多地对私人事业的干预中争取自由一样，教育也要从过于呆板、过于僵化的课程中寻求它的自由。与放任自流、自由主义相联系的实用主义也是助长选修制的一个因素。对埃利奥特来说，自由是那些知道自己想学什么而又能力超群的学生必不可少的条件。"（约翰·S·布鲁贝克，1991）[454-455] 在埃利奥特的领导下，哈佛大学的课程改革稳步进展，到 1895 年，哈佛一年级的必修课已经减少到只剩两门英语和一门现代外语了，其他年级都是自由选修课。哈佛的改革促进了美国大学选修制的真正发展，但自由选修制"所导致的自由泛滥引发了许多难题。如果学生可以从现在非常宽泛的课程中选修任意科目，他们学业的连贯性和心智训练靠什么来保证？这种训练可能存在，但是可能是很粗糙而随意的。"（哈佛委员会，2010）[28-29] 基于对一问题的忧虑，所谓"专修"或"主修"制，成为选修制的重要补充。在各类院校推行的选修制实践中，大体可以分为四种主要类型：自由选修制，选修必修各半制、主辅修制，分组制。选修制与学分制是紧密联系的，学生修习课程获得一定的学分就可获得学位证书或毕业文凭。在中世纪，大学学习的最高目标是获得硕士或博士学位。这种学位有许多附属的权利和特权，包括从事一职业或任教一所学专业的资格、任教他喜欢专业的权利以及免税权、免服兵役权和不受地方法庭审判的权利等，学士学位只是进入高级阶段学习的一种候选人资格，不享受种种特权。（约翰·S·布鲁贝克，1991）[434-435] 现代大学课程同样与学历资格关联，任何课程安排都是为了最终获取学历资格。这种基于证书的课程学习规范是大学课程管理的重要内容之一。

三是大学课程表现为一种集体行动。目的性、计划性和行动性是课程的基本特征，从课程设计到课程实施与评价，都是一种集体行为。在课程这一集体行动过程中，官员、学科专家、教育专家、教授、学生、教学管理人员、社会人力资源使用者，以在场或不在场的方式构成了共同体。奥尔森（Mancur Olson）基于利益分析把集体区分为相容性集体与排他性集体。前者指利益主体在追求利益时是相互包容的，即"一损俱损，一荣俱荣"，利益主体间是一种正和博弈；后者指的是利益主体在追求利益时是相互排斥的，即"你多我少，我多你少"，利益主体之间是一种零和博弈。（卢现祥，朱巧玲，2007）[326-327] 据此分析，特定的大学课程集体既具有排他性也具有相容性。排他性来自于麦克·扬一直关注的纵向分化，那些被称为"高深学问"的东西和不是"高深学问"的东西之间有着清晰的界限，这就通过课程设定了一种严格的等级关系。即使同样是"高深学问",按照比彻等的研究,实际上也被区分为纯硬科学、纯软科学、应用硬科学和应用软科学。在这种情况下,"把一种课程的可能性建立在有所分化但没有分层的知识的基础上,是困难的。"(麦克·F·D·扬,2002)[36]课程开发中对高深学问的选择是一种排他性利益博弈的过程。在多元文化主义课程思想的浸润下,在课程开发中,知识的纵向分化逐步走向横向分化,"这种横向分化呈现为一种文化图谱,其覆盖的社会范畴和自然范围在不断地加大。借用文化图谱的比喻我们主要是想要强调横向分化课程比纵向分化具有更大的开放性和选择性。"(约翰·W·梅厄,等,2004)[256]从纵向分化到横向分化,在整体课程结构中,随着供学生选择的课程门类的增多,各种知识所代表的群体利益得以相容,课程集体也就由排他性转向相容性。大学课程的相容性更多地表现在课程实施的过程中。大学教学方式是多种多样的,有读课、论辩、游历、导师制等经院式教学,习明纳、讲座、实验等研究性教学,也有实习、产学研合作等实践性教学。在教学过程中,教师、学生还有其他指导者组织学习共同体,推广知识、探究学问、提高专业能力等成为他们共同的目标和利益,每个主体的努力和进步都构成了他人的资源,所有利益主体间具有高度相容性。这种相容的前提是相互认同,举个例子来说,就有很多学生蜂拥着去听马尔福德·西布利(Mulford Q. Sibley)的导论课。他的课之所以受学生欢迎,并不是因为西布利的教学能力如何突出,也不是因为学生学习的能力如何强。当学生们解释为什么他们愿意选西布利的课时,他们说是因为西布利的眼里有学生,而且他的课有一些关于道德和价值的探讨,因此能激发他们的思考。(丽贝卡·S.洛温,)[284]当然,当主体利益发生冲突时,教学过程中也会出现排他性,这种排他性是促进教学改革的必要动力。

2. 大学课程的秩序分析

促进社会秩序建立的规范体系就是制度。在阿尔弗雷德·席勒(Alfred Schüller)等人看来,制度之所以能够促进秩序的形成,在于社会实践中存在一些本原性的秩序因素,成为制度生成的基础,也是制度作用于社会的基础。一是道德行为的自然的、情感的因素,首要的是亲属关系,无论在空间和时间上都是道德规则产生和得以遵循的基本要素,这些规则可以称为情感约束制度。二是早期已被很广泛使用的宗教信仰,能够打破亲属、血缘关系形成的紧密联系，并使其通过宗教道德规则而得以扩展，这些可以称为宗教理念约束制度。三是世俗意识形态中与信念紧密相关的信仰，以及由此产生的有关自由的、公正的、维护人的尊严的社会秩序的基本价值观和理想，这些规则可以称为意识形态约束制度。四是理性，表现为自觉地确立和遵循社会生活的共同准则，由一些强制的和可强加的标准或规则组成，主要表现为法律，称为理性法律约束制度。同时，在无利益冲突因而社会利益关系不存在问题的情况下，社会主体可以统一于共同规则之下，保证相互间可信赖的合作的实现，这些规则称为自我约束型制度，如习俗、风俗习惯、礼仪和其他的文化传统。（阿尔弗雷德·席勒，等，2006）[101-102] 根据席勒等人的观点，可以形成如下秩序分析框架：

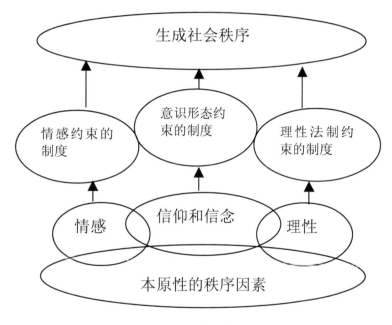

图 1-2：秩序分析框架

　　根据这一框架，从秩序的本原性因素出发，立足于促成秩序的各种规范体系，可清晰体悟社会秩序的生成结构。基于大学课程的是一种实践系统、有一套程序规范、表现为集体行动，是情感、信仰和信念、理性等本原性秩序因素的统一体，因此以上秩序分析框架为分析大学课程作为秩序的存在提供了重要工具。

　　其一，大学课程是一种理智性的标准秩序。面对复杂、丰富、多样的各种学问,大学课程总是按照一定的专业标准进行组织。课程组织标准有三大基础,一是对社会力量的理解,涉及社会目标、文化概念、文化趋同和多元的张力、社会压力、社会变迁以及未来计划等,它有助于了解价值和价值教学;二是对人的发展的理解,包括人的发展阶段和个别差异的理论,有助于了解学习的连续性和自我理解的发展;三是对学习和学习风格的理解,包括不同类型的学习和个人处理信息与寻求含义的学习风格,有助于根据学习者在不同情境中发现有用的和迁移的学习结果进行课程设计。大学任何教学活动都是基于标准进行的,课程标准是教学的基础,这种标准表现为课程大纲。关于标准的价值和意义,教育史学家戴安娜·拉维奇(Diane Ravitch)指出:"如果标准明确规定教学的内容以及哪种成就是为人所期待的,标准可以促进成就;标准(国家、州、地方)是实现机会均等的必要条件;国家标准提供了有价值的统一功能;标准和评价通过向学生和家长提供充足的信息,保护了消费者的权益;标准和评价为学生、家长、教师、雇主和大学提供了重要的标示工具。"(弗雷斯特·W·帕克,等,2010)[191] 课程标准包括教材标准和成就标准。教材标准主要是规定学生应具备的知识和能够做到的事情;成就标准规定了"多好才是足够好",主要用于评价学生在学术领域内已经达到的标准的程度。在总结学生学习面临的困难时,马里兰大学课程审批委员会曾列出了一系列的重要问题,他们认为,这些问题在教师向学生提供的教学大纲中经常是得不到回答的:(1)学生为什么要选这门课?(2)课程要求是什么?课程对学生的思想和实践有什么益处?(3)课程对学生的基础有什么要求?教师对学生已有知识有什么了解?学生基础技能的不足之处会不会在课程中得到补习?(4)课程各部分内容的顺序安排是出于什么考虑?(5)课程是以讲座、讨论还是小组讨论为主?(6)教师对学生有什么期望?(7)布置的任务有什么教学目的?(8)考试考什么?记忆?理解?综合能力?合逻辑地提出证据的能力?灵活运用知识的能力?(9)为什么要采用目前所使用的课本?他们在课程和学科中有什么相对的重要性?(罗伯特·M·戴尔蒙德,2006)[160] 为此,罗伯特·M·戴尔蒙德(R. M. Diamond)提出要以学生的学习为中心编写课程大纲,并做到以下几点:明确学生为了学好这门课程所应当承担的责任;加强学生记课堂笔记的能力和学习能力;降低考试焦虑和改进应试技巧;让学生熟悉课程的教务安排;提供不易找到的阅读材料;提供那些需要人手一册的讲义;提高学生的效率。(罗伯特·M·戴尔蒙德,2006)[161-162] 这样,课程大纲就成为学生的学习指南。课程标准是课程实施的"法律"，基于标准的大学课程是一种和谐、稳定的秩序状态。

其二，大学课程是一种信念性的文化秩序。大学是传播和生产共同知识与共享价值观念的场所，课程既传播高端文化也创新文化，受自觉或不自觉的教育信念的支配，其实质是基于现代文化模式及其教育要求的一种建构。以永恒主义课程为例，其代表人物赫钦斯（Robert M. Hutchins）坚信："作为教育，这就是真诚地追求知识；作为学术，这就是真诚地献身于知识的进步。"（罗伯特·M·赫钦斯，2001）[19]"教育的目的之一是发掘出我们人性的共同点，这些共同点在任何时代和地方都是一致的。……教育应该在任何地方都是一样的。……我认为，如果正确地理解教育，那么面向全体人民的课程的核心在任何时代、任何地方、任何的政治社会和经济状况下都将一样。"（罗伯特·M·赫钦斯，2001）[39]基于这样的教育哲学，他倡导普通教育与永恒学习的实践模式，把学生的理智活动、发掘共同的理智要素作为教育的目标，把那些"理智遗产"作为学习中心，把那些经典名著等永恒学习作为课程的组织原则，"因而，我们的普通教育课程应由西方名著以阅读、写作、思维和说话的艺术组成，再加上数学，它是人类推理过程的最佳范例。"（罗伯特·M·赫钦斯，2001）[50]这种普通教育在大学阶段的目标是智慧，意味着了解事物的原则和起因，"形而上学探究的是事物的最高原则和起因"，所以大学课程结构主要为形而上学、社会科学和自然科学三大板块，大学将由形而上学、社会科学和自然科学三大学院组成，所有的学生都将在所有的学院学习，这样，"他们所获得的教育将不再是琐碎的或混杂的教育，而是与大学本身一样的统一的教育。"（罗伯特·M·赫钦斯，2001）[67]赫钦斯的这些课程主张，构成了完整的永恒主义课程模式，是课程文化的重要组成部分。在具体实践中，在追求永恒知识的信念支配下，从课程目标确立、内容选择、思辨的学习方式等都闪耀着古典人文精神的光芒，构成一种特色鲜明的文化秩序。其他课程诸如功利主义课程、以研究为中心的课程、社会服务性课程等，也是如此。作为文化秩序，意味着大学课程本身是一种文化，有着鲜明的价值追求、独特的思维方式、适切的行动模式以及相应的组织机制。

其三，大学课程是一种情感性的伦理秩序。基于主体互动关系的道德感、美感等是大学课程的重要属性，在课程生成与实施的过程中内在地存在着伦理秩序。在这方面，马克斯·韦伯形成了系统的伦理观。他认为，大学教师避免表达自己在各种思想斗争中的态度是被严格规定的义务，他只能在讲坛上讲授盖棺定论式的观点，即使这种观点与他自己的观点完全相反或者有分歧，也不能在讲坛上鼓吹自己的观点。韦伯称之为"讲坛禁欲"。在韦伯理念中，与"讲坛禁欲"紧密联系的是"价值判断"。他认为"价值判断"是一套固定的成见，使人不是根据客观事实做出判断，而是以其好恶来做判断。与"价值判断"相对应的是"价值中立"。韦伯指出："所谓价值中立，乃是指大学和学者在追求学术时，应尽可能排除主观的价值判断，严格遵守以事实和逻辑推理为基础的客观性，力求得出'不受价值影响'的结论，又称价值自由。"（周光礼，2003）[75] 韦伯主张严格恪守价值中立的立场是学术活动应有要求，政治家或宗教先知可以解答与信仰有关的价值判断问题，教授在讲坛上却不能。韦伯说："大学并不把传授'对国家怀有敌意'抑或'对国家表示好意'以及其他什么观点或立场作为它的职责，也不是谆谆教诲绝对或本质的道德价值的机构。它们分析事实及其存在的条件、法则和相互关系，分析概念及其逻辑的前提、内涵。……在这点上大学必须履行自律的义务。"（马克斯·韦伯，2006）[32] 他把价值中立作为教授的学术责任，也是学术共同体的责任。韦伯认为，大学人必须学会与"文化人共同体"分担旨趣和风险，必须与搞政治的人一样，为共同体担起责任和义务，在科研中，像政客一样地主动公开自己的立场。大学教师如果要表达其所承认的、应该实施的政策的看法，那么，他应当承担起这样做的责任，而不应只是把它作为基于"事实"的"假设"，置道德责任于不顾。个体责任感和团体自尊感是学术繁荣和大学正常运作及其社会功能发挥的前提。作为伦理秩序，意味着大学课程有着明确的权利和责任、有着崇高的目标和理想，也彰显着大学课程作为共同体的行动品质。

基于秩序内涵与大学课程实践的秩序分析，可以概括地说，大学课程秩序是在一定教育制度基础上课程实践系统运行所呈现的稳定、协调和可持续的状态。大学课程作为文化秩序意味着课程系统受一种价值观和行为方式的支配，大学课程作为标准秩序意味着课程系统受一整套制度的外在约束，大学课程作为伦理秩序意味着课程系统的和谐需要共同体和每一个体的内在道德维系。如同情感、理性、习惯统一于个体一身一样，标准秩序、文化秩序、伦理秩序作为大学课程秩序的组织部分，有机地统一于大学课程系统运行之中，构成大学课程完整的秩序状态。

三、大学课程秩序的实践表征与功能

对大学课程的秩序分析，使人们能够从宽广的学科视野理性认识大学课程，把握其复杂的理论属性。课程开发是一种实践行为，把课程概念化为一种秩序，我们必须弄清楚大学课程作为秩序的实践属性。

英国社会学家科恩（Stanley Cohen）从五个方面对"秩序"进行了描述："其一，'秩序'与社会生活中存在一定的限制、禁止、控制有关；其二，它表明在社会生活中存在着一种相互性即每个人的行为不是偶然的和杂乱的，而是相互回答或补充他人的行为的；其三，它在社会生活中捕捉预言的因素和重复的因素——人们只有在他们知道彼此知道的情况下，才能在社会上进行活动；其四，它能够表示社会生活各组成部分的某种一致性和不矛盾性；其五，它表示社会生活的某种稳定性，即在某种程度上长期保持它的形式。"（田润峰，2002）[2]科恩关于秩序的观点对于我们理解秩序的各种表征具有积极的意义。无疑，大学课程开发受诸多外部因素的制约、课程主体之间存在着多样的互动关系、行动中有共同的课程愿景、各种课程要素有机地相互作用、课程实践基于传统并不断地进行文化创新，这共同构成了大学课程秩序的实践表征。

其一，外部关涉。大学与社会、政府等外部关系问题始终纠缠着大学发展和课程变迁。早在上世纪30年代罗斯福新政时期，有130多所私立大学拒绝联邦援助，包括哈佛与耶鲁。他们认为，私立大学如果真正是"私立"的，就应该摆脱任何可能的政治影响。在1937年的AAU（美国大学联合会）会议上专门讨论"联邦政府与高等学校的关系"，大学代表一致认为：最低程度的联邦支持都会导致很多问题。时任普林斯顿大学校长的哈罗德·多兹（Harold Dodds）解释说，私立大学与公立大学的根本不同就因为私立大学不接受纳税人的资金，私立大学就避免了可能试图制定入学标准、影响课程和支配学者和科学家工作的政治力量的介入，"在这个令人惊惧的时刻，让我们确保不要牺牲我们的自由去换取外在的控制。"（丽贝卡·S·洛温，2007）[38-41]公立大学则完全不同。"早期，加州选民否决了一项旨在为加强医学院设施而发行一笔数目可观的州公债后，加州大学（校长）最终认清了大学的公共绩效责任，即如他在学术评议委员大会上表示的那样：'不要犯错！大学是一个公共机构，人民通过选举出来的代表与行政人员的行动来支持大学，人们不会允许大学以过分违反公共意愿的方式运作。如果大学偏离公共期望与需要太多，那么在多种压力与手段之下，大学也会被迫屈服与遵从。'"（福兰克·A·斯米德

林，等，2007）[57] 不管是私立大学的拒绝，还是公立大学的适应，都是外部关涉，只是表现形式不同。在全球化、信息化的背景上，作为知识创新的集中地带，社会对大学的依赖性越来越大，大学的社会责任感也越来越强。私立大学可以不要政府的资助，但它必须通过课程的专业调整适应社会对人才的需求。以哈佛为例，上世纪后半叶，学校一方面增加了公平性与多样化，国际影响力扩大，另一方面积极涉足商业投资，办学基金大增，官僚作风日盛，已经成为世俗型的国家大学。适应智力、社会和文化变化的能力是现代哈佛成功的源泉。因此，政治、经济、社会、文化等的关涉性，是大学课程秩序的重要表征。

其二，目标驱动。成功的大学都有统一的课程哲学和目标。早在 1968 年，爱德华·赫希·列维（Edward Hirsch Levi）在担任芝加哥大学校长的就职演讲中指出："芝加哥大学的使命主要是用知识去追求真理和传播知识价值观。重点必须放在获得理解上，这种理解也可以叫做发现。……我们必须重申教学创新和研究创新之间有着非常紧密的关系。同时，我们也必须重申我们致力于理解性思维这个宗旨，违背了这个宗旨，大学就会具有威胁性和讽刺性。"（威廉·墨菲，等，2007）[134] 对理解性思维的追求是赫钦斯发展智慧课程目标的继承，体现了芝加哥大学对永恒学习的追求。但现时中由于系科分立、学院隔离、课程盲目追求多样化，大学课程的统一目标被消解，导致学生间失去了基于共同目标的内在文化联系。德里克·博克认为："制订单一的、'统领全局'的大学目标，或者把大学目标局限于智力发展领域，都无法涵盖本科生活的全貌——都可能推卸本应让学生在成长的关键时期，养成一些极为重要的素质。因此，大学的培养目标应该是多方面的，这些目标应该被广泛接受且经过谨慎的界定，诸如'诚信'、'种族宽容心'等价值观与行为就是这样的目标。"（德雷克·博克，2008）[39-40] 这里，博克强调大学目标的丰富性，核心是促进学生作为人的素质发展。课程就是在具体培养目标的驱动下运作的。在微观层面，大学课程中的每一科目都有具体的培养目标，只是在一些专业课程中，有些目标窄化为职业技能训练，目标设定褊狭。实际上，任何具体课程都是学生全面素质发展的重要载体，要在追求知识技能本身目标的同时，服务于学生作为人的发展，达成育人目的。没有目标就没有课程，没有全面的育人目标，就会失去课程丰富的价值。目标既是大学课程的核心要素，也是大学课程科学、有效实施的内在驱动力。

其三，主体合作。课程的主体包括领导者、专家委员会成员、广大教授和学生，课程开发的过程就是这些主体充分合作的过程。哈佛最近一次课程改革的凄凉命运足以说明主体合作的实践价值。起始于 2002 年的这次课程改革，被校长劳伦斯·萨默斯（Lawrence H. Summers）称为"一个世纪以来哈佛课程史上最综合性的改革"。改革的旗手文理学院院长威廉·C·科比（William C. Kirby）从开始就提出了这样的问题："21 世纪受过教育的人应该具备怎样的素质？"一系列自问自答的问题构成了标准化的学术游戏程式，当权者利用这样的程式，装模作样地咨询周围的人以博取教授的支持。这样提出的课程报告只能是校长萨默斯演说的翻版，一位学生表达了失望之情："60 页的报告索然无味，不疼不痒的建议，有的太笼统，有的不切实际。"课程委员会的一名成员如此描述报告的内容："最后，委员会认为最好的办法是把一排空瓶子放在那里，然后看看教师们可以在里面放一些什么材料。"一位教师认为，这次改革违反了工程学的两项基本原理：一是设计解决方案前务必理解要解决的问题所在；二是在不能预知什么行动将导致怎样的结果时，就不要试图一次性改变太多。前哈佛学院院长哈瑞·刘易斯（Harry R. Lewis）评价说："一些教授们抱怨课程改革缺乏新意，他们在《纽约时报》上撰文提出了尖锐的批判；另一些教授们赞成课程改革，认为新课程对教授或学生都没有提出太高要求；也有一些教授认为在学院一片抱怨和管理混乱的环境下进行课程变革的做法不明智。""哈佛就像是处于一帮争吵中孩子的母亲，看着 32 个系及其下属的无数专业，却说要平等对待，没有偏颇。因为不能在教师们中推行自己的计划，校长只能全然放弃。"（哈瑞·刘易斯，2007）[2-20] 到 2006 年，新课程改革方案终被放弃，哈佛课程改革宣布失败。哈瑞斯不禁扣问："课程改革应该满足学生的需要、教师的偏好还是社会对教育的要求？学生应该成为教师心目中的好学生，还是学生通过教育为社会谋福利？大学应该服务于学生、教师还是社会的利益？"（哈瑞·刘易斯，2007）[36] 任何课程设置、改革与具体实施都是各主体利益博弈的过程，没有课程相关主体充分合作与广泛认同，课程实践就没有理想的结果。在课程发展史上，课程改革的成功多是管理者、专家与教授合作的结果，但没有学生主体的实际参与，课程的性质是知识本位的，学生主体的回归是课程新秩序的重要课题。

其四，对话生成。在微观层面，课程秩序不仅包括课程设置、内容设计，更重要的是课程实施的过程。讲授制是课程实施最古老的方式之一。早在埃里奥特上任之初就警告说:"讲座制通常在白白浪费精力,教师在不遗余力地把知识注入一个筛子,但知识从一头流进,又从另一头流出。学生的大脑只有工作起来才能得到锻炼。"(哈瑞·刘易斯,2007)[31] 拥有半个世纪丰富教学经验的贾尔丁(Jardine)教授(格拉斯哥大学)也说:"要开发年轻人的头脑,让其形成思维的习惯,最糟糕的办法莫过于仅仅通过讲座,而不辅之以进一步的师生交流。"(哈瑞·刘易斯,2007)[68] 在对讲授制反思的过程中,大学教育者们看到了在课程实施中主体间互动的重要性,认识到学生实际获得的课程绝不是对教师讲授内容的复制,而是基于主体理解的主动建构,实现建构则需要师生间、生生间进行广泛的对话,课程最终是对话中的意义生成。在高深学问的探究中,加强师生互动尤为重要,牛津的导师制是一典型案例,一位教授这样描述牛津的导师制:"'无处藏身'是某些导师描述导师制教学过程时欢喜说的话,并且导师的'无处藏身'感像学生的一样强烈。你不可能躲在别人后面掩饰你的无知,但是导师也是一样,他要在那里随时应对学生的发问乃至质疑。……在导师看来,这种导师制辅导课的最大优点在于,他们能够直接发现学生在某一特定主题方面的研究进展情况,然后带着他们继续深入下去,并为进一步的深究提供'指导',同时提出一些问题以促使学生赶紧去扩大阅读并加深思考(我们希望如此)。从学生角度来看,一旦懂得了要信赖导师,并且发现犯些错误或者缺少学识不会受到严厉的惩罚,那么导师辅导课就会提供大量的机会让你老老实实地承认你到底弄清了哪些东西,还有哪些是你尚未掌握的东西或干脆就是让你一头雾水的东西。此外,导师制教学过程还会激发你的热情。在某种意义上,理想的导师辅导课就是,你在其中能够沉浸于对所选择的主题的思考,跨出思考之后就会意识到这确实是多么有趣的事情,以及意识到,唉,还有多少工作等在那里要靠你去完成。"(大卫·帕尔菲曼,2011)[105-106] 固然如此,面对众多学生,师生互动的空间与时间均是有限的,学生间的同伴对话在课程实施中对生成具有创新性的意义同样具有重要价值。"学者们普遍得出结论,当教学方式从讲授改为课堂讨论,或是吸引学生积极参与的学习活动(比如一项模拟沟通,或是一个小组设计),或者通过向别人施教而学习时,学生们能够学得更多。……而越来越多的研究也确立了这样一个观点:当学生积极活跃地投入学习的过程,而不是被动地坐在一边听讲时,他们更有可能避免死记硬背而走向更深层次的理解。"(弗兰克·纽曼,等,2012)[147] 多层次、多角度地对话,是生成课程主体意义的主要方式,已成为当代大学课程实施中重要的实践表征。

其五，持续发展。大学课程无论是结构体系还是具体门类，一方面具有稳定性，另一方面则处于不断的变革之中。有的学科早在一个世纪前甚至更早就创立，但时至今日仍保持了学术事业的核心部分。课程稳定性的核心力量之一是学术文化，因为大学的核心任务之一是保持历代的知识。"人们把改变课程设置称为搬迁墓地。这需要严肃认真地对待。课程并不是从没有改变，而是从没有收缩，问题处于扩张的状态。"（弗兰克·H.T.罗德斯，2007）[114]尽管人们把课程称为"学术的墓地"，在那里任何教育的理念都走向消亡，普遍相信课程很难改变，但是种种课程变革却从未停止过。在哈佛大学，大约每 25 年都要进行一次综合性的课程改革。"虽然在课程中具有革命性的变化很少见，但随着时间的推移，越来越多的变革经常聚集在一起，能产生显著持续的影响。"（麦克尔·N·巴斯特多，2007）[372]麦克尔·N·巴斯特多（Michael N. Bastedo）认为，知识分化是课程变革的关键因素，为了应付知识分化的无情压力，课程必须调整内容和形式，相应地，大学也变革课程结构和系统组织。同样，作为大学组织的社会建构，课程向学生提供组织文化的形态，并提供适应社会需要的内容和技能，是推动课程变革的重要力量。而诸如种族权力运动、女权主义等社会运动影响着课程变革的重要途径。"尽管大学课程看起来永远充满专业化、冲突和变革，但仍是一个已适应了社会经济和政治需要的稳定的统一体。"（麦克尔·N·巴斯特多，2007）[368]正是稳定与变革的有机统一，使大学课程表现出持续发展的秩序特征。

2. 大学课程秩序的功能

大学课程作为共同体秩序的本质是主体的内在联系或内在规定性，具体体现为共同体活动的一致性状态、社会关系的结构化状态和一般性规范的约束性状态。大学课程秩序的主体包括学生与教师个人、学生群体、学院等机构、社会服务的场所等，个体意志已经通过各种方式赋予群体、机构，群体和机构也以自己相对独立的意志对个体学习和生活发挥着特殊的影响。大学课程秩序在实践中不断生成，同时在实践中实现知识传播与创新、人类自身生产的价值和功能。

第一，大学课程秩序能够确保课程共同体内部关系的再生产。在一个共同体中，秩序存在确保了共同体本身的存在，保证共同体内部基本关系的再生产，也保障共同体内部利益的分享以及成员个体的发展。从国家到学校到院系，课程的存在意味着不同层次课程共同体的存在，共同体的实质是各种要素的互动关系，各种内部关系是教师、学生等作为教育主体存在的标志。在大学课程秩序之中，不管是共同体还是个体的存在无不受文化的熏陶和型塑，都在不同程度上体现为内在自觉和存在性限制，即心灵秩序和社会生活秩序。每一门课程都有着内在的秩序要求，有秩序才有课程生活，课程秩序追求不仅是共同体内部结构稳定的要求，也是大学学生和教师等自身在教育生活中形成基于学习的存在方式的基本需要。卡西尔指出："人只有以社会生活为中介才能发现他自己，才能意识到他的个体性。但是对人来说，这种中介并不只是意味着一种外部规定的力量。人，像动物一样，服从着社会的各种法则，但是，除此以外，他还能积极地参与创造和改变社会生活形式的运动。"（恩斯特·卡西尔，1985）[282] 没有一个人能够在无序的环境中获得真正意义上的生存，也没有一门课程允许师生无序存在。"人对自身价值与生活环境的认识和体验在无形之中扩展个体自身的心灵秩序，直接影响和制约着个体的存在方式和人类文明形态的发展。"（张国启，2010）[217] 教师对学术的追求、学生的知识建构和素质发展都在生成和扩展课程秩序，在特定课程秩序中也确保每一个体的发展。

第二，大学课程秩序能够使相关主体对自身的利益建立稳定的预期。当课程实施中相关主体以互动方式展开行动时，大学课程秩序已经成为管理者、教师、学生等行动者之间达成的共识，即行动是依据课程的愿景开展，每个行为者由此可以对自己的目标和方向建立起稳定的预期。对于行为者来说，意味着可以依据秩序中各种关系的稳定来计划自己的行动，可以减少盲目的短期行为而更多地追求长期利益。意味着在课程秩序的边界内形成一种相对稳定的信任状态。"信任就是行为者对其他行为者行为不会伤害到自己利益的判断。"（迪戈·甘姆贝塔，2001）[270] "秩序也是一种信任，是由行为者在共识的基础上形成的一种稳定的关系复合体。"（杨冬雪，等，2006）[282-283] 秩序的自然扩展过程也是信任扩展与构建的过程。包括对新的"外来者"的信任、对交往中介的信任、对总体秩序的信任。在这些信任中，行为者之间的信任是最为根本性的，因为它们的交往与互动构成了整个秩序运行的基础，更重要的是，对组织、制度、中介、秩序以及各种关系的认识和信任也是通过行为者之间的交往完成的。就大学课程秩序来说，最核心的信任是师生间的信任，师生的互动行为构成课程秩序的基础，师生交往主要以知识、制度、教学组织、学习环境等为中介，知识的传播与扩展、社会的教育目的等都是通过秩序中的信任关系实现的。

每个行为者在秩序中被赋予了不同的身份，除了它们的个体身份外，它们承担着诸多社会身份，而这些社会身份决定了它们基于信任的个体互动行为，行动的和谐互动仍然依赖明确的预期。在大学课程实施中，教师既是知识传播者的身份也是研究者身份，还是学生可信任的朋友身份；学生是学习者身份，也是研究体验者身份，还是未来社会建设主体身份。这些身份决定了师生互动行为的性质，决定了他们对课程目标的共同追求。

　　第三，大学课程秩序能够在社会需要与个体自由间建立动态平衡。任何一门大学课程都必须面对教师的个人喜好、社会的需要和学生的兴趣，但往往"教育的需要、本科生的需要和教师专业技能的矛盾模糊了我们的视线"（哈瑞·刘易斯，2007）[36]。秩序能够把各种要素或力量结合在一起从而促进共同体存在和发展。塞缪尔·亨廷顿说："人们可以有秩序而没有自由，但他们不能有自由而没有秩序。"（塞缪尔·亨廷顿，1989）[8]这句话说明社会秩序的重要性，但不能误认为秩序和个体自由存在不可调和的矛盾。秩序就是各种社会力量交互作用的产物，也是各种要素构成的有机整体。要维持自身的存在，必须使价值内核、社会规则和社会权威等各要素正常发挥功能并有机统一，这也是自身整合的过程。在一定意义上，个体自由正是社会秩序得以确立的一种前提条件，但个体自由根植于人的自然和社会利益需求，繁杂而无穷尽，如不加以约束和梳理，不要说已存的秩序不能持存，新的秩序根本没有确立的可能，而且意味着所谓个体自由的主张也就丧失了实质性的意义。一定的社会秩序生成后，必须发挥其规则的约束功能。但如果因为维持秩序的存在而销蚀了自由的存在可能，也就失去了确立秩序的本来意义。秩序的存续能够把规则干预保持在一定的限度，就是在规则约束和个体自由之间达到具体条件下的平衡和统一。由于以现实条件为基础，这种平衡和统一应是动态的过程。课程发展过程中，不仅在课程整体结构调整中存在着各种利益的博弈，在具体课程内容选择、教学方式选择、课程评价等诸多环节中，都存在着主体利益的博弈。就社会需要与学生兴趣来说，社会需要是制订课程制度的基础，但课程制度不能以牺牲学生的兴趣或个体发展自由为基础，否则教育将走向格式化，将以牺牲人类的创造性为代价；就社会需要与教师的学术爱好来说，课程制度尽管以社会需要为基础，但最终在课堂上发生的课程始终是教师建构的课程，教师的专业结构和学术兴趣无不融入课程的每一个环节，课程制度设计必须为教师的专业融入提供足够的空间；而教师的专业技能与学生的发展需要之间，也应以基于共同目标的对话合作为基础。课程秩序就是要在多种需要和矛盾中寻求一种动态平衡，以满足社会、教师和学生的不同需要。

四、大学课程秩序的构成

大学课程是一个复杂的系统，决定了大学课程秩序具有同样的复杂性。在宏观层面，围绕国家的课程政策和学科指南，涉及政治、经济、文化、社会等各种互动关系；在中观层面，以学校课程体系和院系课程计划为主要内容，既有教学、科研与服务等功能的融合，也有课程管理制度设计中的利益博弈；在微观层面，围绕课程实施，基于教授的学术研究，以师生、生生互动为主要方式，课程本身成为一种生活。作为开放系统，大学课程要维持其原有结构，并促使其走向更高级、更复杂的有序结构，就必须从外界不断地输入物质、能量和信息，推动系统的自强行为，在有序与无序之间不断寻求平衡。大学课程内部又是由若干子系统构成，子系统之间互相开放、相互作用，既有矛盾冲突又有和谐取向，从而形成整体秩序。从不同的层面审视大学课程秩序，其构成要素也不一样，本文就社会关系、组织方式、实践类型等层面分别进行描述。

1. 在大学课程与社会的关系层面，有外部秩序与内部秩序

霍尔丹勋爵在《大学与国民生活》一书中指出："大学是民族灵魂的反映。"（亚伯拉罕·弗莱克斯纳，2001）[2]这种反映是通过大学的职能定位得以呈现的，用弗莱克斯纳的话说，大学主要关心四件事：保存知识和观念、解释知识和观念、追求真理、训练学生以"继承事业"（亚伯拉罕·弗莱克斯纳，2001）[4]。大学的使命就是民族的使命、国家的使命、人类的使命，从民族、国家到经济、社会、文化，与大学都有着内在的联系，大学从诞生之日起从来都没有独立存在过，它是社会的一员，它是国家的重要机构，在现代民主社会，它可能是与政府并立的官僚组织。课程作为大学教育行为的刚性核心，同样与外部各种社会系统发生复杂的关系，是各种文化利益竞争的载体，围绕课程的文化定位、科目设置与具体内容选择，在各种关系互动中形成了一种社会秩序，可以称之为课程的外部秩序。就本体而言，"课程意味着学术知识和教师价值的最高表达，课程意味着所有的内容都适合学生；课程意味着通识教育必修要求；课程意味着证书和专业的要求。"（大卫·沃德，2007）[56]围绕课程计划的实施，课程目标、教学内容、学术资源、研究活动、教师、学生、

文化环境等要素的互动行为构成教学过程，加之管理、反馈、评价、调整等实践行为，构成课程运行的内部秩序。课程外部秩序是内部秩序运行的主要背景，是一种约束力也是一种推动力，为课程实施提供了重要保障。课程内部秩序是课程实践的主体，大学教育的质量主要取决于课程内部秩序的良性运转。拉萨·R. 拉图卡（Lisa R. Lattuca）和约恩·S. 斯塔克（Joan S. Stark）围绕"情景中的学术方案"这一课程界定，将学术方案嵌入现实的情景中，从而揭示社会文化和历史因素的影响以及课程作为学术计划的运行结构，其图示（Lattuca, Lisa R., Joan S. Stark，2009）[5] 较为完整地描述了大学课程内、外部秩序作用的状况。

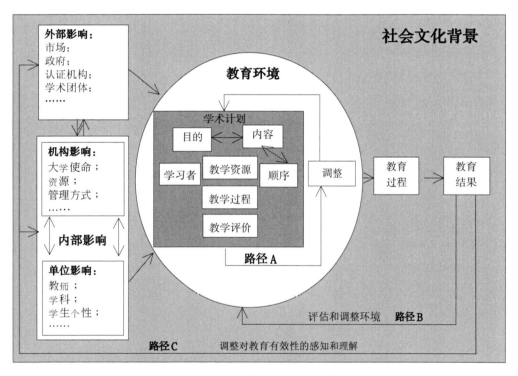

图 1-3：大学课程实施情境

　　图 1-3 中，社会文化背景包括两组影响因素——首先是机构外部的影响（例如雇主、认证机构），其次是学院、大学等教育机构内部的影响。内部影响进一步分为机构层面的影响（例如使命、资源、领导力和管理）和单位层面的影响（例如专业目标、教师信念、和其他专业之间的关系，以及学生特点）。这些特征呈现了课程被制定和执行的不同层面的互动关系。课程、专业

和机构不同，外部影响和内部影响的显著性和强度也是不断变化的。图中所描述的这些特定影响因素以及在它们互动中所创设的教学环境，把教学过程和教学成果放在了课程环境的外部，是置于了更大的社会文化背景当中，可以清楚地看出外部秩序对课程实施的制约关系。课程外部的大量影响因素都处在课程设计者的控制范围之内，例如选修一门课程或者学生的学习态度和准备、在特定时间和地点里影响感知的社会文化现象等。评价和调整的过程不仅有助于方案的完善（路径 A），也有助于教学环境的完善（路径 B），这一过程会受到课程计划产出结果的影响，最终，在路径 C 中，外部和内部的受众对教学成果的感知和理解会导致其更改他们所施加的影响。这就是课程外部秩序与内部秩序要素作用的状态。

2. 在大学课程组织方式层面，有集合秩序与整合秩序

伯恩斯坦（Basil Bernstein）从课程组织的视角，认为课程主要分为两种类型，即集合型课程与整合型课程："如果各项内容处在一种彼此封闭的联系中，这也就是说，各种内容得到非常清楚的界定，而且彼此之间相互独立，我便将这样一种课程称为集合类型的课程。在这种课程中，学习者必须掌握大量有效的内容，以便于符合某些评价的标准。……现在，我想要提出一种与集合类型并列的课程类型，在这种课程中，各种内容并不是各自为政的，而是彼此之间处在一种开放的关系中。我将把这样一种课程称为整合类型的课程。"（B·伯恩斯坦，2002）[49] 在伯恩斯坦看来，内容界限分明的课程是一种集合课程，而内容界限模糊的课程则是整合课程，区分的原则就是课程内容之间界限的清晰程度，他认为这种概念界限的清晰程度构成了分类和构架的基础。"分类涉及到内容之间差异的性质。分类强的地方，各种内容常常通过清晰的边界而彼此泾渭分明。而分类弱的地方，由于内容之间的界限比较模糊，所以各种内容之间的独立性也比较弱。……构架涉及到在教学的联系中，传递内容和非传递内容之间边界的清晰程度。在构架强的地方，传递内容与非传递内容之间存在一条鲜明的边界；而在构架弱的地方，则是一条模糊的边界。……构架强则意味着选择小，而构架弱则意味着教师和学生有比较大的选择范围。"（B·伯恩斯坦，2002）[64] 伯恩斯坦用"编码"的概念来描述课程中知识的组织。所有涉及到分类强的知识的组织都导致集合编码，所有涉及到分类强度明显减小的知识的组织被称为整合编码。集合编码的专门

化形态发展出一种对人们的身份进行严格审查的程度,涉及到一种知识的等级组织,其深层结构是通过特定身份的构成,从内部对界限建立强有力的控制和维护。整合编码则将统整各种不同的内容,并消解它们彼此之间的孤立和分离,能够减少各种单个内容的权威性,有利于提高学生的理解力和辨别力。伯恩斯坦用下图(B·伯恩斯坦,2002)[78]表示两种不同编码课程的理想化和典型的组织结构。

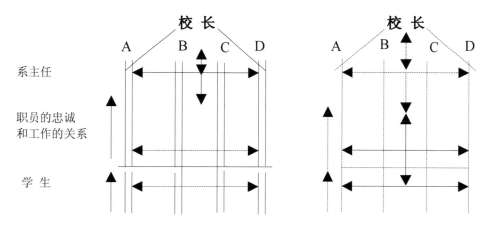

注:实线代表强边界,实箭头代表强联系的方向;虚线代表弱边界,虚线箭头代表弱联系的方向。A、B、C、D代表课程门类。
  集合编码类型=强分类:强架构
  整合编码类型=弱分类:弱架构

图1-4:两种课程编码理想化和典型的组织结构

上图显示,集合编码与整合编码在权力分配和控制的原则上形成明显的差异,因为这些权力正是包含在这些课程的编码之中。在知识通过一种集合编码进行调控的地方,这种知识通过一系列完全分割的科目等级而得到组织和分配。通过各个部门领导和各个教育机构的校长或领导的正式的和非正式会议,这样一种结构显示了对教育机构的寡头式控制。而整合编码则要求不同科目的教师都进入共同的社会联系中,这些联系不仅出现在非工作的领域,而且也存在于一种既有分工又有合作的教育任务之中。教师与授课者彼此联合的条件恰恰就在于一个共同的工作环境中,会进一步削弱集合编码中各个等级之间的分离程度。在伯恩斯坦看来,在知识被集合编码所控制的地方,秩序的产生往往与权威关系的等级性质有关,与时间和空间中不同知识的系统排列有关，而且与一种清楚的、通常是可以预见的考试程序有关。内在于个人的秩序是通过特殊身份的构成而建立的，强分类和构架的制度化表达便在时间和空间中建立了可预见性。"在大学层次上，个人自由的范围已经被某些集合编码中的道德系统符号化，并由此成为分化的整体重新结合的根据。"（B·伯恩斯坦，2002）[81] 在整合秩序中，基于共同认同的整合理念、协调的知识链接性质、有效的反馈系统和明晰的评价标准，整合编码在文本上是具体和清晰的，是一种开放性的有机团结，并通过界限的模糊和松散形式而获得实体性。整合编码强调知识的内在统一，可以在信念系统和道德秩序比较模糊的条件下，建立一种具有渗透性和内在的社会化形式。在大学课程秩序中，集合秩序是主体，整合秩序是补充且更多地应用于通识教育之中。

3. 在大学课程实践类型层面，有教学秩序与研究秩序

学生成就大学，课程与教学成就学生，大学课程的基本问题和核心问题始终是教学问题。以纽曼为代表的传统大学观主张大学就是传播知识和训练心智的场所。而由洪堡参与创建的柏林大学"用现代的方式重建了大学"，"将科学研究作为学校活动的一个组成部分"（菲利浦.G.阿特巴赫，1986）[19]，不仅将科学研究作为人才培养的重要路径和不可或缺的主要环节，而且将研究视为大学的另一个主要职能，自然成为大学课程的重要组成部分。大学课程秩序在实践中就包括了教学秩序和研究秩序。基于德国的传统，不论是教学还是研究都追求学术自由，诚如深受德国传统影响的埃里奥特在 1869 年就职演说中所说的那样："一所大学应该是本土的和资金雄厚的，最重要的是它应该是自由的。自由的微风应该吹拂到校园的各个角落，自由的飓风能够扫走一切阴霾。理智自由的氛围是文学和科学赖以生存的空气。"（沃特·梅兹格，2010）[137] 1907 年，这位七十岁的哈佛校长在一次讲话中以"学术自由"为题，认为学术自由包括：学生有选择课程的自由，拒绝参加礼拜活动的自由，等；教授有选择自己认为最适宜的教学方式的自由，不受常规干扰的自由，等。（沃特·梅兹格，2010）[141] 学术自由是大学教学与研究秩序的实质。

伴着现代大学前进的脚步，"教学与科研相统一"的观念被越来越多的大学和广大教授所认同。因为，"一个洞察专业领域的发展和最新研究的人，能更准确地判断大学教育的课程应含哪些内容，应当怎样编制；拥有研究素质的大学教师所教授的学生，能够学到以开放的心态求知的态度，能够应对社

会环境和劳动条件的变化。"（钟启泉，2006）[522] 19 世纪用现代方式重构的大学德国模式所确立的"科研—教学—学习"紧密统一的原则，根据伯顿·克拉克（Burton R. Clark）的分析，正被越来越多的高等院校放弃："各国正在经历反应性发展的高等教育系统稳步地在以下三类院校进行投入：(1)'以教学为主'的院校，(2)以教学为中心的大学的初级阶段，(3)在研究生阶段的非科研的学生。没有必要和科研紧密结合，或者大量地用做科研训练的教学，需要大大地增加。在大批院校，教学漂离传统的科研—教学—学习连结体。"（伯顿·克拉克，2001B）[232] 从克拉克的分析中我们不难看出，在"教学漂移"概念的背后，蕴含着三个重要的认识问题：一是以科研为基础的洪堡式的大学人才培养传统，在高等教育普及化进程中发生了变化，教学越来越漂离科研的基础，许多高等教育机构较少投资科研，主要进行教学；二是不同类型的高等院校、高等教育的不同阶段，教学工作的地位以及教学方式不同，复杂性和多样性成为当下高等院校教学的重要特征，也是高等教育大众化条件下一种客观存在的现实；三是尽管高等院校教学存在复杂性和多样性，如有的以科研为基础、有的以专业知识训练为中心，但"教学漂移"现象的背后，揭示出教学工作始终是高等院校教育的核心，只是具体表现形式不同。（王一军，龚放，2010）[63] 在关于大学教学的讨论中，欧内斯特·博耶在美国卡内基教学促进基金会的报告《学术水平反思——教授工作的重点领域》中提出"教学的学术"这一概念，试图打破教学与研究的二维思维，重新思考教学的内涵，以此弥合教学与研究的鸿沟。他认为，"教学作为一门学术性事业，是从自己所懂得的东西开始的。当教师的一定要消息灵通，沉浸在自己专业领域的知识之中。教授只有广泛涉猎并在智力上不断深化，其教学才能得到好评。""好的教学还应意味着，教师既是学者，又是学生。……最好的教学则不仅传授知识，同时也改造和扩展知识。通过阅读，通过课堂讨论，也通过学生的评论和提出的问题，教授的自身也将被推向新的创造性的方向。"（E·L·博耶，2004）[23] 博耶所说的"教学的学术"是在寻求专业领域的研究与有效的教学的统一，而不是教学自身的研究。实际上，大学教学自身的研究也是一种学术活动。然而，在大学教育的实践中，教授们的研究总是围绕自身的学科领域展开，并没有把主要精力放在教学研究上，也就很难实现教学与学术研究的统一。

　　"教学与科研并重"是研究型大学本科课程的基本原则，这意味着教学活动与科研活动一体化展开，教学基于科研、科研即是教学，教学与科研并不是两个教育范畴，在时间上教学与科研也不是等分，科研只是作为教学的途径与方式，课程的主要实践形态依然是教学。教育重心在于建立"教学—科研—学习"共同体。库伯（David A. Kolb）详细分析了"行为复合型学习情境"中大学生体验学习的方式。他认为，学生所研究的问题不一定非有正确或最佳的答案，但是必须有一些学习者可以联系、重视的东西，并且问题被解决后学习者能感到内心的满足。这将是一个正式的、真实的问题、案例或模拟，是学习者作为一个专家时期望遇到的。解决问题的关键在于做，但完成任务是必要的。学习者只需关注自己目前的行为会对整个任务的完成产生什么影响，自己下一步的行为会不会脱离于自己现在的行为。从这个意义上讲，学习者的问题探究需要自己来做决定或选择自己下一步做什么或者怎样进行。只有当学习者要求时，教师才可以作为教练或顾问参与进来。在此情境中，学习成功的评判标准包括：问题解决得如何、可行性、销售性、客户的接受性、成本、测试结果、美学质量等。（D·A·库伯，2008）[169-170] 就研究型大学本科学生来说，这种"行为复合学习情境"主要是课题研究和专业实践，教学的要义在于引导学生在研究与实践中获得反思性体验，在真实的体验中提升学生的研究能力。课程秩序的目标在于追求学生参与研究与实践的兴趣、专业研究素养的提高和创新意识的生成。在"行为复合型学习情境"中，大学课程的教学秩序与研究秩序实现了一体化。

五、大学课程秩序的生成与维持

大学课程开发本质上是一种秩序建构，稳定的秩序是保持教材、学生、教师、环境关系和谐的基础，而充满创新的秩序则是提高教育质量、挖掘学生发展潜能的不竭动力。探讨大学课程秩序的生成与维持机制是认识大学课程实践的重要内容，也是提高大学课程开发水平的理论前提。这首先需要了解社会实践秩序的基本类型。

1. 社会实践秩序的类型

哈尔蒂·布荣（Hardy Bouillon）根据哈耶克的论述，对秩序类型作如下区分：独立于人之计划与人之行动之外的自然秩序；由人之计划或设想建构的计划秩序；独立于人之计划外、在人之行动作用下偶然生成的自发秩序。（哈尔蒂·布荣，2001）[112] 简单地说，自发秩序是社会中的某种规则性或事态的秩序，不是纯粹的自然现象也不是人们有意识设计创造的产物。在哈耶克看来，人类社会秩序的扩展是一个自发的进化过程，如果人们不想失去自己的文明基础和文明的成果，就应当让这个自发的进化过程持续地进行下去，而不要试图凭借自己的理性去人为地设计和建构社会秩序，把文明的进展纳入任何计划就必然导致文明的覆灭。[1] 所谓计划秩序就是哈耶克所说的组织（Organization）或人造秩序，它是命令的结果，是有意识的计划产物。在一个组织中，为了实现一个共同的目标或一个目标体系，其行为由一个中央机构来操纵和监控。这就需要具体规则的存在和适用，这些规则规定一个组织成员的行为或对其提出要求，从而限制其追求自身的目标和能力。组织典型的例子是国家、企业、军事机器和其他等级制的机构。这些组织赖以生存的具体规则大多为有意识创造出来的规则。哈耶克将这种规则称为外部规则，视为一种独特类型的社会秩序规则，而把自发秩序中的一般性规则称为内部规则。其与一般性规则的区别乃在于它们"意指那种只适用于特定之人或服务于统治者目的的规则。尽管这种规则仍具有各种程度的一般性，而且也指向各种各样的特定事例，但是它们仍将在不知不觉中从一般意义上的规则转变为特定的命令。它们是运作一个组织或外部秩序所必要的工具"(Hayek, F. A,

---

1 哈耶克认为，扩展秩序之所以不可能是理性设计的结果就在于人类理性是有限的，其本身也是一个自然选择的进化过程的产物，在我们行动的基础和条件中总是包含着"理性不及的因素（non-rational factors）"，设想产生于进化过程中的人类理性能够支配文化的进一步发展，或者认为有思维能力的人创造并控制着自己的文化进化，都是错误的，都是用超自然的假设代替了科学的解释。他认为，我们所谓的理智，并非像个人生来就有大脑一样，是他生来便有的东西或是由大脑产生的东西，而是他的遗传组织在他成长的过程中，帮助他从自己的家庭和成年同胞那里不是由遗传递的传统成果而获得的。从这个意义上说，头脑并没有包含多少可以检证的有关世界的知识，也没有多少对人的环境做出解释的能力，而是包含着不少限制本能的能力——一种无法由个人理性加以检验的能力，因为它是作用于群体。由此推知，尽管我们可以说人创造了文明，但"这并不意味着文明是人之设计（design）的产物，甚至更不意味着人知道文明功能或其生生不息之存续所依凭的所有基础性条件。那种认为人经由审慎思考而建构起了文明的观念，乃源出于一种荒谬的唯智主义（intellectualism）；一种唯智主义视人的理性为某种外在于自然的东西，而且是那种能独立于经验就获致知识及推理的能力。但是，人之心智的发展乃文明发展的一部分；恰恰是特定时期的文明状态决定着人之目标及价值的范围和可能性。人的心智决不能预见其自身的发展。（参见哈耶克.致命的自负[M].北京：中国社会科学出版社，2000：21.以及哈耶克.自由秩序原理[M]，北京：三联书店，1997：21.）

1978）[77]。一般性行为规则同样约束着外部规则。有效的权威命令总是依赖于符合一般性规则指示的形式而非完全具体的命令，表现为决策过程依赖于大量的信息和知识，并随时根据新的情报信息不失时机地对行为和命令做出调整。在哈耶克看来，计划秩序是依据命令所维系的秩序，将制约组织成员对个人知识的利用，影响个人履行职责，体现权威者的意志和目的。

计划秩序的好处就是缩短了自然演化的时间，减少了自然演化中的"试错成本"，这种人为设计的秩序很容易形成利益集团。从表面上看，这种秩序是有利于社会的制度创新，但实际上可能是有利于某些既得利益集团的制度安排。有的研究认为，人们在初期得到的人力和物质资本禀赋的数量有差异，这种初始资源和机遇的差异决定了人们有不同的偏好，并结成了不同的政治利益集团。各种集团将通过投票来决定国家的政策和制度，从而影响未来的资源分配，甚至未来的政治利益格局。所以，与其关注制度的缺失，不如关注需要良好制度的利益集团的缺失。计划设计的秩序一般把大多数当事人排除在制度设计之外，尽管也通过一定的途径征求了当事人的意见，但出于费用或成本方面的考虑，这种意见的征求是很有限的，所以计划设计的制度很难达到均衡状态，很容易受既得利益集团的影响，在制度设计的过程中，谁的呼声高，谁就有可能左右制度的设计。

2. 大学课程秩序的生成

作为一种社会秩序，大学课程是有目的、有计划、系统性的人类自身生产实践活动状态。教育伴随着人类活动而产生，大学是人类知识生产达到较高水平的产物，大学课程则是大学教育制度化的知识载体。如果说初等教育还有可能存在于自然生活之中的话，那么大学教育必然剥离了自然而走向实践自觉，大学课程不可能是自然秩序，在本质上是基于人之设计的计划秩序。但早期大学课程往往是约定俗成的产物，更像一种自发秩序。盛行于宋代的书院堪称我国早期大学，书院课程主要由三部分构成：一是教学内容即"四书五经"；二是教学计划，一般按年龄规定阅读书目的顺序；三是教学方法，包括学生自学和教师讲会制度。这种课程体系既没有明确的课程理念，也不注重编制技术，内容单一而无结构体系，是一种初级阶段的课程，有计划但缺少应有的设计，更像是人们在学习与研究的过程中逐步形成的有关高深知识阶段学习的一般性制度。西方早期大学亦是如此。西欧于中世纪诞生的大学构成了世界近现代大学和高等教育机构的基本原型。从 11 世纪至 12 世纪中期，欧洲大学的课程内容主要是沿袭古希腊，特别是希腊化时代后期及古罗马的教育内容，即是"七艺"的内容，以阅读经典文献为主，以确保权威性。12 世纪末期开始，通过翻译和介绍阿拉伯世界的文明，古典时期的希腊教育内容以及阿拉伯世界的哲学和科学内容逐步进入欧洲大学课程内容。大学中最常见的教学方式是讲授和讨论两种，比较典型的课堂教学多由教师口述，学生记录，大致采取如下步骤：提出论点，列出正反两方面的论据，通过演绎推理和逻辑分析，排除错误，得出结论。考试则以辩论为主，旨在考察学生的判断、分析和辩论能力。（黄福涛，2008）[48-49] 可以看出，早期大学课程只是在内容难度上追求高深、强调学习与研究相结合、及时吸收新的知识，所有这些并不是人们刻意设计的结果，而是在学习行动中逐步形成的规则，具有自发秩序的特征，课程自身的专业性并没有得到应有的发展。

推动大学课程建构的力量主要来自三个方面。一是国家对大学的控制。"在 13 世纪，大学的诞生或是'自发的'，或是教皇的意愿。而在 14 世纪和 15 世纪，大部分大学则由君主创建。"（雅克·韦尔热，2007）[111] 13 世纪的国家任由教会去创办大学，去确定其机构，去保障其纪律。但在 14 世纪中间逐步发生变化。一方面，国家将 13 世纪尚属简便的国家机器变成极其复杂的官僚机构，对法律专门人员有大量的需要；另一方面，国家概念本身即"君主之形象"，也有刻意追求，鼓励学习，创办大学便成为国家声望的要素之一，成为国家政治的必然选择。大学数量的增加，为国家提供了大量的仆从，国家必然对"仆从"提出相应的要求。在这过程中，大学学者自然充作了国家的官吏，不仅如此，他们有时要参与执政，干预政治生活，尽管作用有限，"但却足以令政府不安，也足以让政府严密控制大学的自治。"（雅克·韦尔热，2007）[132] 一个显著的例子是路易十一，在大学禁止教授唯名主义。二是大学与社会的融合。伴随大学自治的衰落，学习也越来越实用化，并延伸到广泛的大学生活。大学在排斥贫穷，"贫困学生被抛向短期和劣等的学习，许多不能通过艺术学院的考试，因此他们只能期望谋得下级职位、微薄的收入、家庭教师或学校教师等低下收入的职业。"（雅克·韦尔热，2007）[141-142] 同时，大学的贵族化却在明显增长。贵族的首要价值，即追逐富丽奢华，成功地全面转变了大学的实际物质构成。15 世纪，大部分大学建设了自己的校舍，用于会议与教学，大部分大学开始设置图书馆。这就使教学得以在一个威严的环境中进行，教师与其听讲者教学关系全面转变，教授确立了"主"的地位。大学条件的改善，也开始吸引更多的年轻贵族接受大学教育，推动了住宿学院的变革。住宿学院原始的慈善关怀的性质退居其次，在教学组织中发挥着越来越重要的作用，逐渐地改变着学校的课程生态。三是教育思想的丰富。在席卷欧洲的文艺复兴运动、宗教改革运动、思想启蒙运动等各种因素影响之下，教育思想也获得极大解放，各种大学教育主张不断浮现。16 世纪后期对英国大学绅士教育课程产生较大影响的是约翰·洛克（John Locke）的教育思想，他继承了英国传统绅士教育中注重品德与道德教育的传统，认为德行是一个绅士必须具备的最重要的品质，将教育目标和最终归宿视为绅士。17 世纪前半叶，托马斯·埃里奥特（Thomas Elyot）和劳伦斯·汉默夫雷（Lawrence Humphrey）都主张大学的教育目的不仅仅在于培养牧师，更应造就未来的社会精英。二者也有分歧，埃里奥特的主张世俗倾向鲜明突出，教育目的在于培养听命于国王、效忠王室和宫廷的绅士，因而其课程设置强调个人才华和学识的训练，更多地体现了意大利文艺复兴时期的人文主义思想；汉默夫雷的理论宗教色彩浓郁强烈，追求造就人间凡世集基督与学者于一身的统治精英，所以着重伦理和道德的培养，反映了宗教改革对大学教育的影响。这些教育思想是大学课程建设的重要理念，是大学课程设计的重要支配力量。

在多种力量的推动下，17 世纪末期和 18 世纪中期分别建立的哈勒大学、哥廷根大学等进行的课程改革开启了近代大学课程秩序的先河。哈勒大学首次在法学系中将骑马、击剑、外国语和一些时髦新学科等绅士教育内容与培养国家和地方官吏必备的知识组合起来，以迎合当时王公贵族的需要，并把以往的文学系改为哲学系，摆脱了从属于高级系的地位，取得与神、法、医学系同等的地位。哥廷根大学在改革的路上走得更远，在哲学系中开设了经验心理学、自然法、政治学、物理学、自然历史、纯粹和应用数学、历史和一些相关的辅助性学科，还有地理、外交学、科学与艺术、古代和近代语言等。文学系的课程几乎包括当时所有的新兴人文和社会学科，法学系的课程也完全摆脱了宗教神学的束缚，洋溢着浓郁的世俗和民族主义色彩。除此之外，还开设了当时欧洲最好的有关宫廷艺术的课程，学生们还可以选修跳舞、绘画、击剑、骑马、音乐和近代语言等有益于锻炼体魄和宫廷交际的内容。（黄福涛，2008）[82-84] 可以看出，哥廷根大学课程已经有了独立的价值取向和教育理念，明确的培养目标，教育内容经过精心设计，形成了具有学校特色的结构体系，初步体现了大学课程作为计划秩序的特点。近代各国和各大学课程经过多次改革运动，在传承和创新的双重旋律中，走向成熟，并形成各种流派，呈现出具有理性的计划秩序状态。

基于人为设计的大学课程秩序可以称为创生秩序，在大学课程的创生秩序中并不排斥自发秩序的存在。创生秩序的价值在于有效传播知识，充分发挥教师的学术影响和引导作用，但是从理论上讲，任何创生秩序都是基于权威的一种制度设计，课程的性质是知识本位或教师本位的，以命令、约束为基本手段，教学方式表现为讲座为主，必然制约学生创造性和潜能的发挥，难以实现学生的学习自由。课程创生秩序的设计需要在制度层面保证学生学习的自由和教师教学的自由，只有在自由的学术环境中才能实现追求真理和发展学生的目的。课程实施中，各种要素尤其是师生、生生之间的自由互动，是课程真正的发生机制，也就是说，课程意义的生成并不是传授的结果，而是在互动中学生自主建构的结果。知识的建构不是流水线上可控制的直线运动，而是主体思想的灵活对话，是基于主体经验的意义生成，这种生成过程是行动中随机完成的，具有自发性，是一种自发秩序。从这个意义上来说，大学课程秩序是创生秩序与自发秩序的有机整合。

3. 大学课程秩序的维持

尽管课程变革无时不在展开，但大学课程秩序总体上表现为一种长期的稳定状态，也只有维持一定的稳定状态，才能实现大学课程的教育功能。同其他社会秩序一样，大学课程秩序的维持也需要一些条件。"在一般意义上，作为公共产品的社会秩序来说，其维持的基本条件有：（1）暴力手段是垄断的而不是分散的，防止了共同体或社会内部冲突的无限扩大；（2）建立了有效的惩罚和激励机制，能对行为者行为产生必要的约束和引导；（3）具有对弱者的最低限度的保护机制，可以把各种关系控制在可承受的范围内；（4）能发展起调节或协调内部关系的中介物，使行为者之间能够正常地、便利地交往，并形成相对稳定的预期。"（杨雪冬，2005）[72]与作为公共产品的社会秩序不同，大学课程秩序需要一种专业手段而不是暴力手段来加以维护，其途径主要表现为以下四个方面。

一是制度化的供给。秩序是制度的产物，大学课程秩序的维护首先依赖于专业制度的供给与保障。在集权制国家多有国家制订的大学课程目录，在分权制国家各大学都有自己的课程目录，这些课程目录具有法定地位，规范着大课程的框架和设置。由于学科发展、社会分工的变革以及教育对象的变化，都直接影响着大学的专业设置和调整，课程目录也按一定的周期进行修订，以确保课程的适应性。以我国本科课程为例，中国教育部（原国家教育委员会）1984 年以来先后分科类公布实施有关普通高等学校本科专业的目录，以后分别于 1987 年、1993 年和 1998 年，进行了三次大规模的学科目录和专业设置调整工作。2 2011 年上半年开始，教育部进行第四次修订工作，并于2012 年公布施行。这种制度性安排是大学课程正常实施的基础，就我国大学教育来说，是维护大学课程秩序的基本保障。

二是历史性的承继。大学课程从结构体系到具体门类的内容与形态，都是历史的产物，对原有学科基础的继承是大学课程开发的重要思路，也是大学课程持续发展的根本。以《教育学》课程为例。近代教育学形成于 18 世纪与 19 世纪之交。最初为道德人格陶冶意义的教育之学；19 世纪初，赫尔巴特尝试构建把“教”之学与“教育”之学融为一体的《普通教育学》，为师生双边活动过程之学，即教育过程之学，从而奠定了近代教育学的基础，也是大学教育学课程的基础。约在 19 世纪中叶，赫尔巴特学派把教育过程之学扩充为“教育实体”之学，即学校教育学，尔后，随着教育事业的发展，包括各级各类学校在内的学校系统的形成，进而出现“学校系统”和“教育系统”之学。至此，教育学研究领域已经界定。19 世纪与 20 世纪之交，教育价值发生显著变化，出现“人本位”、“社会本位”、“文化本位”、“人格本位”之类教育价值取向的纷争，同时又形成教育研究方法取向的多种选择，以此为契机，发生了从单一类型的赫尔巴特学派教育学到多种类型教育学的演变，形成教育学“多元化”格局，进而越出传统教育学框架，出现包括各种教育交叉学科、教育学子学科与教育学亚学科，标志着教育基础理论建设的完成。（陈桂生，2006）[704-705] 教育学课程

---

2 第一次修订目录于 1987 年颁布实施，修订后的专业种数由 1300 多种调减到 671 种。第二次修订目录于 1993 年正式颁布实施，专业种数为 504 种。第三次修订目录于1998 年颁布实施，本科专业目录的学科门类达到 11 个，专业类 71 个，专业种数由504 种调减到 249 种。现行本科专业目录及专业管理办法是 1998 年制订实施的，距今已经有 12 年时间，明显存在着以下问题：一是不能适应经济社会发展实际需求的变化；二是不能适应高校多类型、人才培养多规格的需要；三是新兴学科和交叉学科专业设置困难，不利于复合型、创新型人才的培养；四是与研究生培养《学科目录》的专业划分衔接不够。

也相应地形成较为成熟的体系。可见，对历史的继承既是大学课程合理性的表征，也是大学课程发展的起点，尊重历史才有学科对话的知识基础。

三是经验性的借鉴。大学课程是一种开放的系统，必须不断吸收和借鉴外来的学术和方法，才能提升自身的生命力。我国近代大学对西学的直接引入是一种借鉴，更重要的则是方法的迁移。蔡元培在1918年就对大学研究的任务提出了他的看法："研究也者，非徒输入欧化，而必于欧化之中为更进之发明；非徒保存国粹，而必以科学方法，揭国粹之真相。"意思是应当引入西方的方法对传统中国内容进行新的研究。这一主张在当时受到一致的赞同，胡适提出的"输入学理"和"整理国故"的口号便与蔡元培的主张毫无二致。在蔡元培的倡议下，当时北京大学研究所国学门于1923年出版了《国学季刊》，胡适受委托撰写了一篇《发刊宣言》，其核心就是"整理国故"，即"把三千年来支离破碎的古学，用科学的方法作一番有系统的整理"，或者说"用系统的整理来部勒国学研究的资料"。在蔡元培、胡适等看来，西方科学方法的一个重要特征就是"系统"，这正是医治国学"纷乱"、"纷繁"之病的一剂良药。（陈洪捷，2006）[154-165] 胡适在上述著名的《发刊宣言》中明确地写道："我们理想中的国学研究至少有这样一个系统：(1)民族史，(2)语言文字史；(3)经济史，(4)政治史，(5)国际交通史，(6)思想学术史，(7)宗教史，(8)文艺史，(9)风俗史，(10)制度史。"（陈洪捷，2006）[165] 可以看出，"整理国故"实际是我国学术研究范式转型，奠定了国学研究的学科框架。经验借鉴是大学课程建设的高效之路，也是大学课程秩序和谐运转的专业保证。

四是合作性的型塑。任何课程的开发都是官员、专家与教师合作的结果，也是科研、教学与服务功能融合的结果。课程实施不仅仅需要师生、生生的合作，也需要管理、资源开发、信息网络、社会服务等相关部门的合作。课程秩序的维持是一种合作性的型塑。以数学教育专业课程为例。培养一个中学数学教师，必须使他掌握宽厚的数学学科知识，掌握数学教学中所运用的教育学与心理学知识，掌握在实际教学中所具有的情境性知识。实现这些目标，需要大学教师与中学数学教育专家合作，研发数学基础课程体系以适应基础教育需要；需要实习学校与大学密切合作，加强实习指导，丰富师范生的实践性知识；需要教育学、心理学课程与数学学科课程配合，使一些教育与心理基本原理与学科知识结合融入学生的知识结构，培养学生分析与解决教育问题的技能。只有各方面的合作到位，才能以和谐的秩序达成课程目标，同时维护课程应有的秩序。

在历史的视野中，大学课程秩序的维持只是暂时的，秩序失范与再生才是永恒的主题。课程变革是课程秩序失范的主要原因。在课程变革的过程中，课程制度规范经历着更新与重建的过程，这一过程最容易出现秩序失调状态。大学控制机制的弱化时常导致课程秩序失调。在学术自由的环境中，教育控制的手段由集中向分化、由单一向多元化的方向发展，维持原有课程秩序的机制发生重大变革，课程秩序出现混乱，从而催生新的课程秩序。而知识的转型则是课程变革的动因。

六、知识演化中的大学课程秩序类型

知识演进包括知识生产、知识性质和知识形态的变迁，这些要素与大学、大学课程发展都有着密切的关系，是大学社会地位和教育功能变化的标志，也是大学课程秩序转型的内在动因。

1. 大学中的知识传播与生产

早期大学只是知识传播中心而不是知识生产的中心。中世纪的大学以"七艺"为百科全书式的课程，并以亚里士多德的著作为主要内容，学问并不来自大学。以英国为例，"当大学由于宗教的、政治的和社会的偏执而近死亡时，杰出的学者们便避世隐居，做自己的学问。……一位银行家曾是直到他那个时代为止最杰出的希腊史的作者，一位悠闲的绅士在《物种起源》中做出了对科学和哲学最令人意外的贡献，里卡多也好，约翰·斯图亚特斯·密尔（J·S·Mill）也好，都不是大学教授。"（亚伯拉罕·弗莱克斯纳，2001）[195]纽曼引用格迪尔红衣主教的话表达了同样的意思："科学院与大学的本义之间并不存在真正的对立，只是观点不同而已。大学只是给那些接受培训的学生教授科学，而科学院主要是在科学领域里从事新的研究。意大利的大学只是提供能给科学院增光添彩的课程，科学院则为大学输送教师，而教师又极其出色地完成教学任务。"（约翰·亨利·纽曼，2001）[4]正是基于这样的现实，纽曼才一再强调大学的目的是传播与推广知识而非增扩知识："如果大学的目的是为了科学和哲学发现，我不明白为什么大学应该拥有学生；如果大学的目的是进行宗教训练，我不明白它为什么会成为文学和科学的殿堂。"（约翰·亨利·纽曼，2001）[1]

中世纪后期，随着大学世俗化程度提高，大学担负起科学研究的责任，大学逐渐成为知识生产的中心。其标志是柏林大学的创建。柏林大学的创建者洪堡（Freiherr von Humboldt）反对传统大学将传授知识作为主要职能的做法，主张大学的主要任务是追求真理，科学研究是第一位的。没有科学研究，就无法发展科学，也不能培养出真正的科学人才。大学教学必须与科研结合起来，只有教师在创造性的活动中所取得的研究成果，才能作为知识加以传授，只有这种"教学"才真正称得上大学教学或大学学习。（贺国庆，等，2006）[158] 爱德华·希尔斯（Edward Shils）认为，1865-1920 也就是美国南北战争结束与第一次世界大战结束这一段时间里，美国大学取得了学术的支配发位，地方的科学与学术机构"与大学，尤其是作为更大的、跨地域的学术团体的最基本机构的大学的系科和实验室所提供的交流与研究机会的贡献比起来，它们所贡献于社会的太微不足道。"（爱德华·希尔斯，2007）[6] 并依据韦伯《以学术为业》的描述推断类似的转变在德国早已完成。

　　二战以后，随着高等教育大众化和知识信息化水平的不断提高，大学以外的知识生产与传播得以大大加强。根据世界经合组织（OECD）的统计，过去 30 年，就 OECD 国家的平均水平而言，37%的 24-34 岁人口完成了高等教育。（经济合作与发展组织，2011）[6] 这意味着从高等教育体系中涌出的潜在的知识生产者的数量在不断增加。正如吉本斯（Michael Gibbons）等人所分析的那样，大学在扩大培养合格毕业生的同时，也在暗暗削弱自身作为知识生产者的垄断地位。很多毕业生在随后有能力对大学的研究工作进行评判时，他们自己也属于从事同样工作的其他组织了。"大学开始认识到，即使仍然是主要角色，他们也只是一个大大扩张了的知识生产进程中的角色之一。"（迈克尔·吉本斯，等，2011）[11] 在全球化的背景上，社会弥散的知识生产正朝着全球网络漫延，网络的联结点随知识生产机构的快速增加而不断增加，这就需要新的电子通讯和计算机网络技术作支持，知识生产的社会化既推动了信息技术的创新也成为新技术的消费者。信息技术的快速发展大大扩展了知识的存储空间和传播途径，使一些最新的知识很快能在大学以外传播，这同样削弱了大学作为高深学问传播者的垄断地位。

　　大学的知识地位是与知识性质的变化紧密联系的。哲学界习惯于把从古希腊哲学家泰勒斯到德国哲学家黑格尔的学说称之为"传统知识论"。亚里士多德在《形而上学》一书中开宗明义地指出："求知是人类的本性。"并把知识与实用的目的相分离，他说："无论是古代还是今天，人们的哲学思索都起源于他们的惊奇……所以他们从事哲学思索是为了摆脱无知，显然，他们并不是为了任何实用的目的，而是为了求知而追求科学。"（俞吾金，2011）[3]基于这种知识理解，传统"知识"主要是指形而上学理论、宗教教义、常识性信仰和科学理论等哲学层面的认知。在中世纪，这些知识被统一在基督教信仰体系中，其核心是在上帝这唯一真理下的普遍知识。在奥古斯丁的论述中，他所规定的界限即要求非宗教的和自然知识之获得须以服务于基督教为目的，使得人文学科直接从属于神学。大学教授阿奎那构建了对世界的形而上学"道德"学说。宗教教义被赋予知识意义，将抽象的知识变为指导人们日常行为和解释神的最终旨意的"道德"真理。这是一种借助于亚里士多德的形而上学、逻辑学、科学和自然哲学的理性，综合了哲学与神学的统一真理观。这种知识观在文艺复兴、宗教改革和启蒙运动的急风暴雨中受到沉重打击，加上自然科学的快速发展尤其是达尔文进化论、牛顿力学和笛卡尔认识论的出现，使基于神学的统一知识体系失去光芒。19世纪，密尔（J·S·Mill）、斯宾塞（Herbert Spencer）和迪尔凯姆（Emile Durkheim）等早期实证主义者，强调观察、归纳、演绎与实验等科学方法，并从自然科学引入人类思想与行为领域里。奥古斯特·孔德（August Comte）把人类知识的发展划分为"神学时期"、"玄学时期"和"实证时期"三个时期。"实证时期"的知识是真实的、有用的、肯定而准确的知识，是基于经验方法论而获得的知识。实证主义科学寻求的是一种去道德化的知识体系，它完全割裂了知识与德性之间的关系，在这一知识体系中有着多种分门别类、不分高下的知识，这种知识观是一种多元化的科学知识观。随着后工业社会到来，人们逐步进入数字化生存时代，那种将知识科学化的工具理性的知识观受到冲击。利奥塔强调，知识并不限于科学，"还掺杂着做事能力、处事能力、倾听能力等意义。"（让-弗朗索瓦·利奥塔尔，2011）[74]波兰尼进一步把人类知识分为言传知识和意会知识，并认为意会性是知识的本质。哈耶克基于社会行动理论，认为知识具有个人分立性，默会知识往往支配着人的行动。知识的差异性、主体性和个人性取代了普遍性、客观性和确定性，形成一种个人知识观。

以统一性为本质诉求的知识形态可以称为普遍知识，基于普遍知识构建的大学课程秩序称为普遍知识秩序；以多元化为本质诉求的知识形态可以称为科学知识，基于科学知识构建的大学课程秩序称为高深学问秩序；以个人性为本质诉求的知识形态称为个人知识，基于个人知识构建的大学课程秩序称为个人知识秩序。新秩序总是伴随制度变迁而逐渐生成的。在《制度、制度变迁与经济绩效》一书中，诺思给出了清晰的制度变迁分析框架：即正式规则、非正式约束以及二者的实施特征。（道格拉斯·C·诺思，2011）在这一框架中，制度有的是最优化选择的结果如正式规则，有的则有演进的成份如非正式约束，二者的实施特征往往取决于实施者的主动建构。就大学课程制度来说，正式规则表现为正式课程包括课程结构体系及相关规定；非正式约束表现为隐性课程包括各种规章制度、学校文化传统、校园活动、各种学院经历以及人际关系等；二者实施特征具体呈现于课程实施中，主要是教学，也包括实践活动、情境创设、科研行为等。正规课程、隐性课程与课程实施构成大学课程秩序的分析框架。

2. 普遍知识秩序

大学课程的普遍知识秩序产生于古希腊知识遗产的土壤，因教会的专制得以维持。纽曼的大学理论可以看作这一秩序的总结和提升。他基于传统大学理念，明确提出大学教育的目的就是传授普遍知识，在他的知识论视野中知识是统一的，他说："知识的所有分支是相互联系的，因为知识的题材本身是密切关联的，这正如造物主的行为和所生之物一样。因此，可以说，构成知识的各门科学之间有着千丝万缕的联系。它们内部统一协调，并且允许甚至是需要比较和调整。它们相互补充，相互纠正，相互平衡。……一门科学被视为整体的一部分时所产生的意义，与一门孤立的科学在没有其他科学的保障（如果可以称其为保障的话）情况下所产生的意义是不可同日而语的。"（约翰·亨利·纽曼，2001）[20-21] 他用"自由知识"与"自由教育"来诠释普遍知识的性质："因为自由知识本来就是为了引起我们思索，自由知识立足于自己的要求，不受后果支配，不期望补充，不受目的的影响（如人们所说），也不会被任何技艺所同化。最普通的追求具有这种特征，只要这些追求是充分而完整的。而最崇高的追求也会推动这种特征，只要这样的追求是为了获取追求之外的某种东西。"（约翰·亨利·纽曼，2001）[28] 他引用亚里士多德说："'在你拥有的东西中'，'有用的东西带来收益，自由的东西用以享受。所谓收益，我指的是能获得收入；所谓享受，则指除了使用之外，不会带来任何结果。'"（约翰·亨利·纽曼，2001）[29] 在纽曼的理论中，求知不具有任何实用的目的，知识本身就是目的，这是普遍知识秩序课程的本质。尽管纽曼强调大学不以宗教训练为目的，但它并不反对教会对大学教育的参与，他认为"教会对实现大学的完整性是有必要的"，"这并不是说，因为有了宗教的介入，大学的主要特征就会被改变。大学仍具有智育的职责，但教会使大学在履行职责的过程中表现得更稳健。"（约翰·亨利·纽曼，2001）[1]纽曼对传播普遍知识作为大学目的的强调同样基于他对基于对教会创办大学目的的理解，他说："当教会创办一所大学时，它并非出于爱护才智或知识自身，而是为了孩子，为了他们的精神幸福和他们的宗教影响和效用，以便达到训练他们更好地履行各自的生活职责并把他们培养成更聪明、更能干、更活跃的社会成员的目的。"（约翰·亨利·纽曼，2001）[3]正是在宗教与世俗的融合中，以普遍知识为目的的大学课程生成稳定的秩序。

正规课程。首先是课程理念。知识本身就是目的，用纽曼的话说："知识不仅仅是达到知识以外的某种东西的方式，或是自然地发展某些技能的基础，而且是自身中心依赖和探求的目的。……知识对我们是有价值的，拥有知识能以习惯的方式为我们所用，尽管从知识身上我们不会得到其他的好处，也不会对任何直接的目的有益。"（约翰·亨利·纽曼，2001）[24-25]大学所要传授的知识是自由知识或绅士知识，之所以是自由的，因为它带有哲学的性质，纽曼认为："知识之所以真正高贵，之所以有价值，之所以值得追求，其原因不在于它的结果，而是因为知识内部含有一种科学或哲学的胚芽。这就是知识本身即为目的的理由。这就是知识可以被称为自由知识的原因。"（约翰·亨利·纽曼，2001）[33]他充分肯定了知识作为精神启示、习惯、个人财富、内在禀赋等的教育价值。第二是课程目标。其核心是理智的培育。纽曼指出："我相信从历史的角度来说，大学要做的事情就是要把理智的培育作为直接范畴，或者是投身于理智的培育——正如医院的职责是救死扶伤，骑射学校和体育馆的功用是锻炼体魄，救济所的工作是救济、安抚老人，孤儿院的工作是保护无辜，教养所的工作是改造罪人。我认为，大学从单纯的概念来说，在我们把它当作教会的工具之前，它应有这样的目标和这样的使命。它所考虑的既不是技艺方面的，也不是职责方面的。它的功能是理智培育。"（约翰·亨利·纽曼，2001）[45]理智的特点是让人感受到头脑冷静、通情达理、直率诚恳、克己自制及立场坚定。第三是课程内容与结构。纽曼强调扩大大学的学科范围，并加强学科之间的联系。他说："虽然学生不可能攻读对他们开放的所有学科，但生活于代表整个知识领域的人中间，耳濡目染，受其熏陶，必将获益匪浅。我认为，这就是这个学习普遍知识的场所具有的优势。把这个场所当作是接受教育的殿堂，一大群学识渊博的人埋头于各自的学科，又互相竞争，通过熟悉的沟通渠道，为了达到理智上的和谐被召集起来，共同调整各自钻研的学科的要求和相互之间的关系。"（约翰·亨利·纽曼，2001）[22] 但事实上，传统大学课程体系中的学科是有限的，主要是文学专业、律师和法学专业、医生和医学专业、神职人员和神学专业，并形成了文法神医四大学院或系。以巴黎大学为例（黄福涛，2008）[52-53]。文学系的学习科目几乎完全是继承古罗马时代遗留下来的由文法、修辞、辩证法构成的"三艺"和极小部分由算术、几何、天文、音乐组成的"四艺"，合称为"七艺"。文学系的课程属于预科阶段，是为将来学习法律、医学，特别是神学做准备的。神学系的学习步骤包括：一般用四年学习《圣经》，2 年学习有关箴言，通过考试取得神学或圣经学学士，此后，2 年时间独立讲授《圣经》。法律课程在巴黎大学不受重视，而且所有教材须受教皇审定，内容仅限讲授教会法。医学系开设生理、病理等方面的知识，仅以罗马传统医学教材为主，经阿拉伯介绍来的东方医学也可讲授。

隐性课程。首先是组织。大学师生通过建立自己的行会以及各级各类组织机构，在拥有较大自治权的基础上，按照一定的专业或职业传授知识，颁发统一的学位证书。其中，教师或学生行会拥有大学自治权包括：招收学生或邀请学者的权力；自主制订教学内容和授课的权力；颁发教学证书或学位的权力；不受外来干涉，自主管理大学教学、行政等其他一切事务的权力。（黄福涛，2008）[45] 中世纪大学有教师型大学、学生型大学和混合型大学，重要的组织包括系、民族团、学院等。第二是仪式。不同类型的典礼十分繁多。首先，大学参与诸多的官方典礼。巴黎大学的礼队与主教的礼队居于皇家葬礼行列之首。另一方面，大学也有其自身典礼，如弥撒、仪仗队、葬礼、新博士接纳礼，都邀请嘉宾出席。特别是新博士接纳礼尤其值得注意。中世纪末，新博士接纳礼仪的细节经常模仿骑士称号授予仪式。新博士从大学校长手中接过同时具有科学与骑士象征的标志：学士帽、金指环和金腰带，在西班牙甚至还有金马刺和佩剑，之后双方施亲吻礼。（雅克·韦尔热，2007）[143] 第三是人际关系。大学普遍存在贫困学生，在德国大学中，贫困学生的数量特别多；在巴黎，也有贫困生，住宿学院只能接受一少部分学生，许多贫困学生生活在大学的边缘，甚至法制的边缘，贫穷妨碍他们继续正常学业。一般说来，在艺术院的地位仍然重要的大学和仍保留教士特点的大学中贫困学生的数量特别多。因为艺术学习时间相对较短、花费较少，可以进入一般的知识职业如小学老师等。而在教士特点仍然显著的大学，贫困学生可望较迅速地获得维持其生存的教士俸禄。但到 15 世纪，贫穷遭到排斥。在帕多瓦大学，在波伦亚大学，每个学院都象征性地保留一个贫困学生，全部免除学费和考试费。排斥之所以从未全面实现，因为它与基督教的教育免费理念有极大冲突。当贫困学生被冷落时，大学的贵族化却在明显增长。这些迹象不仅在大学章程的变化中可以看到，也可以在学校的日常生活中看到。大学与贵族之间的亲近随处可见。（雅克·韦尔热，2007）[138-142] 大学学者认可了贵族的价值，并在大学的环境内寻求贵族式的生活。

课程实施。首先是教学过程。普遍知识秩序课程的教学过程大致分三个阶段进行。因为讲课和讨论都用拉丁语，所以大学生的第一阶段就是掌控拉丁语。大学生通常第一学年完善自己的拉丁文，同时也学习文理科课程，圆满完成这些训练后，学生被授予文学士学位。第二阶段主要是学习辩证法、形而上学、政治学和亚里士多德美学，完成第二阶段学习任务，就成为文科硕士。最后，他将接受一次考试，然后才授予硕士学位。取得硕士学位后，他可以继续学习，进入一个更高层次的学习领域，如法学、神学。（约翰·S·布鲁贝克，1991）[433] 第二是教学方法。一是讲授，二是讨论。大学大量地采用讲座的形式，其原因就是在印刷术发明之前，课本极为缺乏。由于这个缘故，讲课常常就变为教师向学生通读他自己编写的教材。讲座有普通的与特别的二种，普通讲座常常由硕士和博士在上午进行，那些特别的讲座则由高年级优秀学生断断续续地举行。在讲授过程中，教师不时地利用一切机会评价、解释课文，举例说明课文或修正课文的某些观点。牛津大学还明文规定要求教授提供讨论的某些基本论点，只要与主题有关就行。讨论也可使讲授从教条主义的困境里解脱出来。讲授为学生提供了参加当时神学争论的武器，而争论为学生提供了练习的机会。（约翰·S·布鲁贝克，1991）[433-434] 第三是学习环境。纽曼设想学生尽管学习的科目不同，但他们可以经常地交流、讨论与沟通："他们学会了互相尊重，互相磋商，互相帮助。这样就造就了一种纯洁明净的思想氛围。学生也呼吸着这样的空气，尽管他本人只攻读众多学科中的少数几门。他得益于一种理智习惯，这种习惯不依赖于特定的教师，且能指导他选择学科并及时替他解释所选的学科。他领会知识的大框架，领会知识所基于的原理，领会知识各部分所涵盖的范围，其闪光之处和不为人注意的地方，以及它的重点和次要部分。"（约翰·亨利·纽曼，2001）[22] 这种民主讨论的氛围应该是课程实施的重要特点。

3. 高深学问秩序

作为大学课程的高深学问秩序始于柏林大学，从统一知识转向多样知识、从已知信念转向未知领域、从知识本身转向知识探究，是新秩序与旧秩序的主要区别。尽管洪堡不主张传授实用的专门化的知识，主张传授所谓"纯粹知识"，但他倡导的学术自由打破了他的教育固执，使"高深学问"更加丰富多彩，激起大学教育更加旺盛的活力。大学课程从"普通知识秩序"走向"高深学问秩序"，知识演进固然是其内在动因，但与多种外部因素的综合作用是分不开的。基于高深学问的大学课程从理论上说有三个特征：知识的专业性强、包含对未知领域的探究、面向少数精英人群。这些特征的生成基于四个现实条件。一是中等教育的大众化。这一点是提升大学教育层级、选拔优秀生源的基本条件，现代大学正是在这一条件下得以发展的。在欧洲，14—16世纪宗教改革运动中的路德派和加尔文派为了同天主教争夺教民，都提出了普及教育的思想。标志着义务教育产生的德意志魏玛公国的《学校法令》于1619年颁布，它规定父母应送其6—12岁的子女入学。到19世纪50年代，义务教育在欧美许多国家迅速得到发展，第一次世界大战以前，各主要资本主义国家在初等教育阶段实行了义务教育。与此同时，各发达国家也加快了普及中等教育的步伐。1919年魏玛共和国的《宪法》明确实行义务职业教育，规定凡中学第一阶段毕业生不升读文科中学高级阶段的青少年都必须接受职业教育，这意味着德国高中阶段教育早在20世纪初就开始了普及化。二战前后，各发达国家中等教育迅速迈向普及。如美国在1940年中等教育毛入学率就达到了50%以上；法国于1959年颁布的法令把义务教育延长至16岁，即延长至高中一年级，并于1967年实现；日本以1954年为分界点，高中教育毛入学率达到50%，到1974年高中入学率达到90%，进入了高中教育高度普及化阶段。英国1944年以后进入了现代中学的发展时期，综合中学、文法中学大多实行开放入学，中等教育迅速走向普及化。在实现中等教育大众化甚至普及化的条件下，各国都制订了完善的学制，把大学教育作为继初等教育、中等教育后的第三阶段教育即高等教育，从而为高等知识教育提供了合法性。二是人才的专业性成为社会的普遍需求。随着社会分工走向更加精细，以科学技术的广泛运用为基础，各行各业都需要大量的专业性人才，各种专业普遍受到重视，这样大学的各个学院和各个专业就具有了同样重要的地位，知识不再有类型的高低之分，专业性成为判断学问高低的主要指标，使大学的高深知识教育具有了合理性。正如弗莱克斯纳所说："从历史上看，专业指'学问高深的专业'，这是完全正确的。没有学问的专业是不存在的。"（亚伯拉罕·弗莱克斯纳，2001）[23] 三是研究成为大学职能。"研究"将大学的理智生活引入未知领域，对未知的理解、建构与发现是高深知识的重要标志。柏林大学创造性赋予了大学研究职能，成为现代大学的起点，使大学逐渐成为科学研究中心，为大学的高深知识教育提供了现实资源。雅斯贝尔斯指出："最好的科学研究人员同时也应该是首选的教师。"因为"他能够独立地引导学生接触到真实的求知过程，从而也就能够引导学生接触到科学的精神，而不只是接触仅凭借记忆就可以传授的僵死的结果。他是活灵活现的科学探索过程的精神所在；在与他沟通的过程中，一个人可以看到知识存在的朴素形态。他也在学生之中唤起了类似的激情。他指导学生直达知识的源头。只有那些亲身从事科研工作的人才能够真正地传授知识。其他的人只不过是在传播一整套按照教学法组织起来的事实而已。大学不是一所高中，而是一个高等学府。"（卡尔·雅斯贝尔斯，2007）[73-74] 雅斯贝尔斯在这里既描述了科研在高深知识教学中的价值，也强调了科研作为大学职能的教育意义。四是大学享有学术自由。学问之高在于创新、在于批判、在于立异，都需要自由的学术环境，学术自由是高深学问成为大学课程的制度保障。100 多年来，雅斯贝尔斯的声音始终在大学上空回响："学术自由是一项特权，它使得传播真理成为一种义不容辞的职责，它使得大学可以横眉冷对大学内外一切试图剥夺这项自由的人。"（卡尔·雅斯贝尔斯，2007）[19] 大学为了自身的学术自由权利从来没有放弃过不懈的斗争，正是拥有这一权利，在变动不居的世界中，在机构轮回的历史长河中，大学依然保持着作为高深学问特殊组织的旺盛活力。

正规课程。一是课程理念。弗莱克斯纳用"现代大学"的概念区别于纽曼的传统大学，并将对现代大学的思考根植于社会整体结构之中，无疑赋予大学高深学问课程深厚的历史内涵。他认为："现代大学在最高层次上全心全意并毫无保留地致力于增进知识、研究问题（不管他们源自何方）和训练学生。"（亚伯拉罕·弗莱克斯纳，2001）[19] 这种对大学的功能定位也是高深学问课程开发的基本理念。之后，在大工业生产和社会不断动荡的大背景上，社会需求呈现多样化，对大学的诉求也不相同，大学课程理念表现出多元化特点。雅斯贝尔斯从存在主义的观点出发，主张大学人可以不受任何限制地追求真理，并且是为真理而真理；杜威基于实用主义哲学，主张课程要面对日常生活中的各种问题；赫钦斯作为永恒主义教育的代表，主张大学课程由永恒学习组成，旨在发掘出那些共同的人性要素。所有这些，共同构成了现代大学课程开发的理念。二是课程目标。大学不可能有统一的课程目标，课程目标的确立也都是在理想层面。弗莱克斯纳通过对专业教育的分析，认为大学应该培养思维严密、知识丰富、具有批判精神的人，这样的人具有掌握经验、关心问题、灵活解决问题以及善于动员力量的能力。（亚伯拉罕·弗莱克斯纳，2001）[24] 赫钦斯认为高等教育的目标是智慧，意味着了解事物的原则和起因。他说，教育的目的是睿智与至善，任何不能指引学生更接近此目的的研习，皆不能在大学中立足。（刘宝存，2004）[57] 他是在阐明大学课程的目标在于强调、发展及保护人类的理性力量。雅斯贝尔斯主张大学教育的目标是培养全人，他说："除了单纯的事实和技巧传播之外，教学与科研还应该有更多的追求。它们的目标应该是塑造整全的人，实现一种最宽泛意义上的教育。"（卡尔·雅斯贝尔斯，2007）[21] 他所说的全人主要是指基本的科学态度、广泛的知识、独立性和个人责任感以及适宜的个性特征等。三是课程内容与结构。课程作为对话的结果，体现了多种社会力量的融合，包括新学院的建立、职业化诉求、教师的多元化、学科领域自身的发展等，课程变得更加专业化和多样化，一般包括通识教育课程、专业课程和自由选修课程等部分。各大学都建立了自身的课程体系，并随着历史的进程而不断变革。以哈佛大学为例。在 1940-1941 年，文理学院全面审视了本科课程，超过 400 门，制订了新的规则。在所有课程中，学生只要完成 16 门全课程，即可获得学士学位。本科生必修的要求是：为未能熟练使用英语的新生开设的英语作文必修课；10 种古代或现代语言中的任意一种的阅读课；包含 46 门课程的可供选修的新生课程计划；在 32 个领域中选择一种进行专修；通识教育分布必修课，它涵括了几个系的全部课程。入学新生在院系指导老师的帮助下，在一系列"定期向新生开放"的课程中做出第一个选择；一年级结束时，根据指导老师的建议和学生的选课情况，学生选择一个专修领域，其中，获得学位所要求修习的 16 门课中至少要有 6 门属于该专修领域。1941 年，文理学院提供的所有课程分成 3 个领域，并可分为 8 个部分，两个部分组成自然科学领域，两部分组成社会研究，四个部分组成艺术、文学和哲学领域。规定要求每个学生的学习计划必须包括四个部分中每部分的至少一门课程，并且必须代表所有三个领域。为了防止过度专业化，规定还进一步要求每个学生的所有计划至少包含一部分以外的 6 门课程。如果学生所选修的三个部分能涵盖所有的 3 个领域，那么军事或海军科学中的一门课程可以代替第四个部分中的一门课程。1945 年"红皮书"建议在学生学位所有要求的 16 门课程中，应 6 门属于通识教育类课程，其中至少有一门属于人文学科，一门属于社会学科，一门属于自然科学。在人文学科和社会科学这两个领域中，应当各有一种课程为所有学生所必修。（哈佛委员会，2010）[145-155] 其他大学的课程也是如此复杂。

隐性课程。一是组织制度。大学治理结构明显向科层管理和官僚管理体制转变。认证和专业协会等机构扮演着半官方机构的角色，它们甚至可以影响生师比例、实验室的规模以及某些领域人员的任职标准。教师在聘用、开设课程和授予学位方面获得了权利；董事会负责大学的管理。大学规模越大，相应的部门就越多，每个部门都有一个管理者并在一定权限内负责本部门的人员配备和预算。校长任命学院院长，学院的系主任负责实施大学的政策，老师开始出现职务等级的差别。学生事务发展成为一个独立的领域。在美国，最早的女生部主任产生于 1892 年建立的芝加哥大学，1903 年女生部主任协会形成，1919年成立了男生部主任协会，1934 年成立学生辅导和学生事务联合会。1890 年哈佛大学任命了学生事务部主任，接着分管男女生事务主任的工作逐步制度化，出现了分管学生事务咨询、辅导、管理、校友联络、学生就业辅导等方面事务的官员。（亚瑟·科恩，2010）[137-140] 二是学院经历。各学院都通过社会事务、学院风格、战斗歌曲、各种联谊会、举办体育和艺术节、举行各种典礼等系列活动，丰富学生的学院经历，来促进学生人格塑造，开展忠诚母校、团队精神等教育。有些学院通过提供家政和社会工作，开设音乐、美术、儿童看护和初等教育等专业活动，满足女子学生的需要。三是人际关系。学院一直主张平等主义思想，强调任何有学术能力的人都能入学。每个学院都是独立的社会，向自己的学生灌输它们的价值观并期待学生一生都忠于本校，学生们形成了具有"学院人"特征的行为方式。课外活动成为类似社会活动的替代物，通过活动把学生与其他学院的学生群体联系起来。学生乐于参加社会活动，包括女权主义运动、工人罢工运动、共产主义运动等。

课程实施。一是教学过程。其核心是为获取某种学位所必须修习的所有科目的学习活动。包括一套学习科目的组合，教师与学生进行的所有单元教学活动，是一系列的有意义学习。有专门为学生设计的各种经验，以及利用包括从图书馆到宿舍的种种设施而开展的有意义活动。二是教学方法。在现代大学与大众化时期，各种教学方法层出不穷，更多的是对早期教学方法的改进。讲授和实验室方法是主要的方法，采用的也主要是班级授课制。教学方法革新很普遍，以美国为例，1966 年实行的凯勒计划（Kaller Plan）是一种自定进度式的教学方法。学生在自修室中利用自学材料进行学习成为流行的教学方法，大学尝试使用计算机教学、自学手册以及其他大量的教学辅助技术，发行商推出了精心编制的学习参考书、音频教学系统以及各种自动化学习材料。（亚瑟·科恩，2010）[210] 但大多数教师还是采用机器教学以前的方法进行教学。教学形式依然以讨论、背诵、演讲、考试以及自学为主。虽然所有可以采纳的先进技术手段在课程中都得到了运用，但总的来说大学教学的本质没有变，学生来大学上课，教授与学生相互交流，图书馆提供图书或者电子资料，教学就是这样一种理智的生活。三是学习环境。教师享有教的自由，学生享有学的自由。以德国为例，无论是编外教师还是教授都可以不受限制地走自己的路，在准备讲题、决定讲授方式、组建研讨班和考虑生活方式等方面，他完全有选择的自由，学部也好、教育部也好，都不会对他进行监督。他享有学术职位拥有者不听命于任何人的尊严。学生享有同样的自由，由于证书的字面价值得到广泛的承认，他可以想去哪儿就去哪儿，他可以自己选择教师，他可以从一所大学游学到另一所大学，他可以沉溺于击剑或酗酒而不能自拔，他可以放弃假期到实验室或诊所做助教或助手，等等。（亚伯拉罕·弗莱克斯纳，2001）[277-280] 实际上，在一个制度性的框架内，教师和学生要想晋职或通过某种考试，都不可能拥有这么多充分的自由。但学术自由是课程实施的本质环境。

近一个半世纪以来，尽管大学教育新机构不断涌现，大学课程不断变革，但总体上维持了大学课程的高深学问秩序。20 世纪后半叶，在后现代知识的意义建构中，在高等教育大众化的背景上，伴随着数字化生存方式成为现实，高深学问秩序受到越来越多的挑战，导致大学受到越来越多的指责。大学课程正面临新的秩序转型。

第二章　高深学问秩序的当代反思

在历史长河的磨砺下，当代大学已经成为社会上一个体系庞大、肩负大量公共服务任务的重要机构。作为公共服务产品，政府对大学的投入，主要是为了服务社会的公共目的，而不是为了学校自治、学术自由、独立探索等理想的大学理念。这种政策设计导致大学传统理想的式微，并使大学教育进入社会生活的舆论中心。在招致自身怀旧者批判的同时，大学也因公共服务质量的不尽人意而倍受各方指责。德里克·博克（Derek Bok）在列举了一些批判文章后指出：“几乎所有的批评都指向了顶尖的研究型大学，而非所有的本科院校；……更重要的是，在所有的批判言辞之中，有几个共同的话题被反复提及，还引起了读者的共鸣。”（德雷克·博克，2008）[2] 这些“共同的话题”包括“本科课程体系缺乏统一的目的”、“本科教育的质量已经开始贬值”、“大学开始逐渐变为提供就业帮助的训练营”、“教师无暇关注学生”等等。“顶尖研究型大学”之所以倍受批判，源于这些大学丧失了其所代表的理想大学形象。面对人们关注的“共同话题”，我们需要在理性上进一步追问：本科课程在历史的长河中有无统一的目的？顶尖大学本科教育在历史的长河中有无统一的质量标准？就大学课程来说，需要在大学时代变迁格局中，审视“高深学问”作为课程秩序的现实合理性。

一、高深学问秩序的维持

如前文所述，大学课程的“高深学问秩序”生成于知识统一性的消解，在科学发展、学科分化与科研结盟教学的共性情境中得以发展。高深学问秩序是大学黄金时代的重要标志，也是现代大学的存在基础。这一秩序的扩展是伴随大学功能的丰富而进行的，在从精英化大学教育模式中获得了维持的充分条件。

1. 高深学问秩序与大学功能同步扩展

最早的大学是行会的概念。[1]在高等教育机构的生活中，行会组织为基础和首要的现实。行会组织并不一定按照高等教育机构的不同活动划分成组，但却控制其全部。在巴黎，教师和学生组成大学，但所有原创行为属于教师，学生只是大学的"随从"。在博洛尼亚则相反，是学生组建了大学，博士则被排斥在外。这不仅意味着学生自己保证着大学的运行，还体现着学生招聘教授，并对教授教学的价值与合法性进行经常性监控，甚至控制教授的私人生活。大学课程基本由文献构成，因为文献在每门学科都是"权威"，阅读文献是教学和知识的基础。基础书籍的阅读，加之古典与新派最具权威的有助于理解的评注。教学是大学的基本职能，授课与辩论是主导教学的两项基本活动。大学通过授予学位对教学加以认证，并确保学位持有者的能力。

从中世纪末到现代历史的开端，历经 150 年，是欧洲文艺复兴和宗教改革时期，尽管这一时期传统大学没有发生根本性变革，但文艺复兴的人文思想和广泛的宗教改革运动，对传统大学产生了深刻的影响。主要表现在三个方面。一是加快了大学世俗化的进程，各国政府都加强了对大学的控制，大学最终成为世俗政权的工具，服务于国家的需要；二是新的人文学科如修辞学、诗歌、历史等被正式纳入大学课程，冲击了中世纪大学占垄断地位的经院主义课程；三是开启了学术自由的风气，正是政府对大学的控制、宗教派别间的论争与迫害，激发了学术自由的意识，萌生出学术自由的种子，最终在宗教改革的策源地德国形成气候。

在 17-18 世纪欧洲大学衰败阴影中创建的柏林大学，动摇了西方大学教育体制，标志着新大学时代的来临，用弗莱克斯纳（Abraham Flexner）的话说："柏林大学的兴建，使旧瓶装入了新酒，旧瓶也因此破裂。古老的学府如此彻底地按照一种理念进行重塑，可以说前无古人，后无来者。"（亚伯拉罕·弗莱克斯纳，2001）[272] 具体来说，柏林大学确立了大学的科研功能，从而与

---

1 在中世纪的拉丁语中，大学同时由"studium"和"universitas"表示。"studium"意味着高等教育机构，"universitas"表示行会组织，它保证高等教育的自治并行使其功能。

先前的学术传统决裂。这种大学功能的定位，与负责柏林大学创建的洪堡有密切关系，"洪堡从理想主义和新人文主义思想出发，认为将研究和教学机构的分离，并强调专业的实用性教育，不利于人的发展和科学的发展。"（陈洪捷，2006）[24] 他认为大学兼有双重任务，一是对科学的探求，二是个性与道德的修养。在组织制度方面新建的柏林大学与传统大学并无区别。大学由传统的神学、法学、医学和哲学组成；教师分正教授、编外教授和私人讲师；教授由政府所聘，有义务开设其专业的课程，私人讲师经大学允许可以开设课程；各学院正教授负责讨论决定本院内部事务，院长从他们中间自行选出；全体正教授组成评议会，共同就全校性事务作出决策。（陈洪捷，2006）[25-26] 柏林大学的独到之处在于研究任务成为教授的正式职责。正如鲍尔生（Friedrich Paulsen）所说："柏林大学从最初就把致力于专门科学研究作为主要的要求，把授课效能仅作为次要的问题来考虑；更恰当地说，该校认为在科研方面有卓著成就的优秀学者，也总是最好和最有能力的教师。"（弗·鲍尔生，1986）[125] 基于这种理解，柏林大学的课程重视高深的科学研究，既给教师提供充分的科学研究自由也允许学生享有充分的学习自由，包括选科、选择教师和转学的自由。为使教学与科研相结合，采用了讲座的方法，重视习明纳的方法，这种方法是在教授指导下，组成小组研究高深的科研课题，使之成为"科学研究的苗圃"。

　　进入 20 世纪，世界高等教育的重心转向美国，正是"威斯康辛思想"的光芒，赋予大学社会服务功能。创建于 1848 年的威斯康辛大学，在获得依据《莫里尔法案》所分配的赠地基金后，开始进入一个快速发展时期。南北战争后，旨在社会改革的"进步主义运动"在美国开始得到发展，在一定程度上推动了州立大学与州的联系。威斯康辛大学校长亚当斯（Charles k. Adams）1896 年在《大学与州》一文中指出："大学不是与州分离的。它是州的一部分，正如议会大厦是州的一个部分、脑和手是身体的一部分一样。"（Veysey，Laurence R.，1970）[104] 当地的经济发展为威斯康辛大学提供了有利条件。到了 19 世纪末，威斯康辛的农业开始从小麦种植向乳制品业转变，其结果是农村经济更加繁荣。在这种经济中，更有效的商业管理和专业技术知识是一种必要条件，为此，威斯康辛大学开始实施有关农业方面的短期课程计划，并开设了这方面的课程，促进了该州农业生产力的迅速提高。与此同时，大学的研究也开始关注农业生产，如脂肪测试方法的开发为该州的乳品加工者挽回了成千上万美元的损失，大学的实验室测试土壤推动了威斯康辛土地的改良，等等。为此，威斯康辛大学被称为民众生活中的"咨询工程师"。同时，威斯康辛大学积极发展大学推广教育，成立了大学推广教育部，具体承担函授、学术讲座、公共讨论、提供一般信息和福利等服务项目。这些做法，使整个威斯康辛州成了大学的校园。州政府与大学也形成了密切的伙伴关系。州政府的一些立法议案曾得到大学专家们的反复研讨和咨询。据统计，1910年，威斯康辛大学有35位教授兼任州的一些部门职务。对此，布鲁贝克（John S. Brubacher）评价道："在威斯康辛州，地处麦迪逊中心大道两端的大学和州议会并肩协力为大众的意愿服务。大学的纯理论研究被用于确定政治目标，并被用于指明如何最有效地实现这些目标。……在此之前，高等教育的主要职能一直是保存、传授和发展高深学问，而现在它又担负起为公众服务的职能。……大学越来越经常地被喻为'服务站'。"（约翰·S·布鲁贝克，1987）17

至此，大学从中世纪诞生起，历经近 8 个世纪，终于建构起包括教学、科研、服务为主要内容的大学功能，实现从传统大学到现代大学的跃迁，在这个过程中，大学课程的高深学问秩序进一步稳定和扩展。在以后的近半个世纪中，大学不断强化这些功能，在实现自身教育理想的同时，强化现时存在的合法性与合理性。教育质量稳步提升的同时，教育规模也在不断扩大，许多国家陆续实现高等教育大众化，大学教育进入一个新的历史发展阶段。

2. 高深学问成为现代大学的存在哲学

尽管基于学理分析，认识到大学课程的知识论基础经历了"普遍知识"到"高深知识"的转变，但对大学的社会认知与大学工作者自身均把"高深学问"看成是大学的天然属性。根据《牛津英语辞典》（Oxford English Dictionary）的解释，"大学"是教师和学生聚集在一起探讨高深学问的地方。正如鲍曼（Zygmunt Bauman）描述的那样："九个世纪以来，校园的小桥下川流不息，多少小桥或因年久失修而崩塌，或因质量问题而被拆除，同时，新的、更好的小桥不断出现。然而，不论流水和小桥发生什么变化，教师和学生一如既往地聚集一起，共同追求高深学问。很显然，他们相信自己所从事的一切理应如此。他们相信，无论是一般的'学问'，或者专门的'高深学问'，或者所有值提学习的知识，都存在某些共同之处，人们有足够的理由聚集在某个或一群建筑中，在相同的权威下，遵循相似的规则和制度一起追求学问。"（安东尼·史密斯等，2010）[29-30] 正是这种历史的存在，使"高深学问"成为大学存在的哲学。在布鲁贝尔看来："每一个较大规模的现代社会，无论它的政治、经济或宗教制度是什么类型的，都需要建立一个机构来传递深奥的知识，分析、批判现在的知识，并探索新的学问领域。换言之，凡是需要人们理智分析、鉴别、阐述或关注的地方，那里就会有大学。"（约翰·S·布鲁贝克，1987）[13] 怀特海赋予"高深学问"更加明确的教育意义："大学之所以存在不在于传授学生知识，也不在于其提供给教师研究机会，而在于其在'富于想象'地探讨学问中把年轻人和老一辈人联合起来，由积极的想象所产生的激动气氛转化为知识。在这种气氛中，一件事实就不再是一件事实，而被赋予了不可言状的潜力。"（约翰·S·布鲁贝克，1987）[14] 针对杜威"知识是行动的必然结果"的观点，布鲁贝克认为获取"高深学问"有多种路径："实际上，在学问的圣殿里有许多厅堂。在有的厅堂里，学者是通过在隔音的实验室里拨控制盘来验证真理的。在另一些厅堂里，他们是通过在喧闹的城市、福利中心、诊所、法院等地方参与工作来积极验证真理的。在还有一些厅堂里，一些孤军奋战的思想家是在静寂的图书馆里通过钻研古纸堆来验证他们的思想的。"（约翰·S·布鲁贝克，1987）[25] 所以，学者不能指责行动者的不完善，行动者也不能指责学者生活在象牙塔里。

3. 高深学问秩序维持的基本条件

"高深学问"作为大学的教育特征，最终落实为大学课程目标，表现为一种秩序的存在。多少世纪以来，大学课程一直是围绕保存、传授和发展高深学问而设计与实施的。"高深学问"能够成为大学存在的理由，并作为大学课程的现实秩序，依赖于四个条件得以维持。

其一，大学是高深学问的领地。韦尔热（Martin Trow）在探讨中世纪大学时指出："几乎 13 世纪的大思想家都是大学学者，如果不能将他们的著作重新置于其诞生的学校环境，就不能理解其结构本身。确实，他们的思想或早或晚通过所有教师的教学得以完成，但可能是以一种与我们研究的已经完成的著作不同的方式。"（雅克·韦尔热，2007）[44-45] 美国学者希尔斯（Edward Shils）对 1865 年以来美国的学术秩序进行了很有说服力的研究，认为"南北战争结束与第一次世界大战结束这一段时间里，……作为学术重镇的大学，在知识的发现与传播上取得了支配地位。……新型的学者和科学家，基本上以供职于某所学院或大学来维持生计。"（爱德华·希尔斯，2007）[2] "在业余研究淡出的过程中，业余研究的同类机构，即地方的科学与学术机构，也走向衰退。与大学，尤其是作为更大的、跨地域的学术团体的最基本机构的大学的研究所和实验室所提供的交流与研究机会的贡献比起来，它们所贡献于社会的太微不足道。"（爱德华·希尔斯，2007）[6] "20世纪初期开始出现、并同样采用专业化原则的独立研究机构，也没有能够与大学形成有力的竞争，即使在它们做出重要工作的自身领域也是如此。它们的成就不足以使它们能够与大学抗衡。它们依赖于大学，是对大学的补充。"（爱德华·希尔斯，2007）[6] 美国如此，其它地方也是这样。可以说，从中世纪到20世纪中叶，在相当长的历史时期中，大学既是高深学问的占有者，也是各种学术研究的权威机构。人们只有进入大学，才有机会接触到知名的专家和学者，才能领略到高深学问的真谛。因此许多教育工作者把19-20世纪的大学称为"象牙塔"，"它摆脱了外界的束缚，放弃暂时利益，成为保护人们进行知识探索的自律的场所。"（约翰·S·布鲁贝克，1987）[16]

其二，大学学习是少数精英的特权。弗莱克斯纳对大学专业的描述，在一定意义上明确了基于"高深学问"目标的大学课程开发要求。他认为，追求科学和学术的工作属于大学，中等教育、技术教育、职业教育不属于大学，普及教育也不属于大学。"我们怎样区别属于大学的专业和不属于大学的职业？标准不难明确。从历史上看，专业指'学问高深的专业'，这是完全正确的。没有学问的专业是不存在的。不含学问的专业——这一说法自相矛盾——只能是各种职业。专业是学术性的，因为它深深扎根于文化和理想主义的土壤。此外，专业的本性是理智的。"（亚伯拉罕·弗莱克斯纳，2001）[23] "一种专业是一种等级、一种地位，虽然事实上它并非完全没有自私的目的，但至少在理想上它献身于实现比较普遍、比较崇高的目标，而不是满足个人的野心。"（亚伯拉罕·弗莱克斯纳，2001）[24] 弗莱克斯纳在指明大学专业标准的同时，也在说明大学不是"普及教育"，是面向少数能追求科学与研究的人的教育。正是在这个意义上，麦奇路普（F. Machlup）对有些大学是否在提供高等教育表示怀疑，"他认为，教育只有建立在中学知识基础之上并且除了少数大才之外它无法在早期教育阶段获得时才是'高等'的。严格地说，麦奇路普把高等教育解释为学者、科学家和其专业是以继续研究为基础的专业人员的教育。学习这种课程必须有六种品质：智力、创造力、好奇心、抱负、勤奋和坚韧。"（约翰·S·布鲁贝克，1987）[27] 据此，布鲁贝克指出："或许只有10%-15%大学年龄组的人有资格接受高等教育。"（约翰·S·布鲁贝克，1987）[27] 许多有关大众化条件下学生不能适应传统课程学习的研究结论，也从反面说明，基于"高深学问"的大学学习只能是少数精英的特权。

其三，大学学术自治。最早的大学本身具有行会的内涵，所以自治成为高深学问最悠久的传统之一。"无论它的经费来自私人捐赠还是国家补助，也不管它的正式批准是靠教皇训令、皇家特许状，还是国家或省的立法条文，学者行会（guild）都自己管理自己的事情。"（约翰·S·布鲁贝克，1987）[31] 布鲁贝克指出："既然高深学问需要超出一般的、复杂的甚至是神秘的知识，那么，自然只有学者能够深刻地理解它的复杂性，因而，在知识问题上，应该让专家单独解决这一领域中的问题。他们应该是一个自治团体。"（约翰·S·布鲁贝克，1987）[31] 但事实上，由于大学办学的复杂性和学术行会管理的局限，大学学术自治一直是有限度的，侵犯学术自治的现象经常出现，不过这种侵犯并不是限制大学的理智自由。总体来说，大学在学术上的自治权受到广泛的社会尊重，并得到一定的法律支持。

其四，学者的学术自由。与大学学术自治密切相关，为了保证知识的准确和正确，学者的活动必须只服从真理的标准，而不受任何外界压力，自由是追求真理的先决条件。"忠实于高深学问看来需要尽可能广泛的学术自由。"（约翰·S·布鲁贝克，1987）[49] "学术自由是这样一种情形，学者个人可以在其中活动而不致带来可能损害他们的地位、他们作为终身任用的学术机构身份，或者他们的公民身份的后果。学术自由是这样一种情形，学者们在其中可以选择在教学中坚持什么、在研究课题的选择以及在他们的著作中坚持什么。学术自由是这样一种情形，学者个人在其中可以选择学术活动的特定路径或立场。学术自由形成于这样一种情形，其中任何权威——无论是全系同事的一致看法、系主任、院长、校长甚至学校董事会的观点、校外任何权威的判断、无论是公务人员还是政治家、牧师还是主教、政策评论家还是军方人士——都不能阻止学者根据他的学术兴趣和能力提出的学术追求。学术自由是学者个人在特定高等教育机构内部、在高等教育体系内部以及在全国性社团内部和社团之间思考和行动的自由。"（爱德华·希尔斯，2007）[277-278] 希尔斯认为，学术自由的条件是教会与社会分离，宗教与学问分离。从宗教改革开始，大学自治的传统和追求真理的传统开始建立起来。"在过去四十年里，学术自由在西方国家的大学里相对比较牢固的地位，应该归功于广泛传播的自由主义或多元主义，自由主义或多元主义在中央政府的权力不断加强和福利政策非常广泛地扩展的背景下生存了下来。"（爱德华·希尔斯，2007）[301-302] 正是自由的学术环境，大学追求高深学问得到尊重，基于高深学问的大学功能得以实现。

二、高深学问理想与社会现实需求的疏离

20 世纪中后期，随着大学社会服务功能的强化，激发了政府举办大学的热情，大学规模迅速扩张。公立大学与政府在实现联姻之后，退化为政府的婢女，除了少数传统的私立大学之外，多数大学机构逐步走向官僚化。一些新办的民办或私立大学，更多地充当了市场或社会的服务机构。大学的生存环境发生了根本的变化，加上信息社会到来、学习型社会进程加快，"高深学问"作为大学课程秩序，已经与社会现实需求产生疏离，失去了几乎所有的社会支撑条件。

1. 高深学问秩序维持条件的式微

一是垄断身份的消解。在相当长的历史时期内，大学是高深学问的占有者、是最新知识的生产者、是学术权威机构，对高深学问具有无可辩驳的垄断地位。正是这种地位使"高深学问"成为大学最本质的文化特征。对高深学问的垄断需要两个基本条件，其一大学是科学家、学者的聚集地，其二大学是传播高深学问的主要场所。这两个条件现在已不存在了。首先，各种研究机构与大学并立成为科学家的新的聚集地；其次，信息网络成为各种知识最快捷的传播平台。对此，鲍曼进行了透彻的评述："制度化的高等教育机构发现，曾经天经地义的对专业技能与能力标准的决定权，如今正迅速从他们手中丧失，这是对大学地位和威望的沉重打击。如今每个人——学生、教师及教师的导师等——都拥有连接互联网的个人电脑，而最新的科学思想经过适当修改，都可以成为便捷而生动的课程内容，而且这些内容可以在任何一个电玩游戏商店里获得。同时，学者们需要更多依赖金钱而不是靠攻读学位的方式，去掌握最新前沿和尖端的学术成果。如此情形下，有谁能够声称，只有大学教师才可以自诩掌握传道解惑、指点迷津的权力呢？……教师权威曾经是如此依赖于对知识资源的集体垄断，在所有通向这些知识资源的道路上，教师具有无可争辩的掌控权。同时，我们可以看出，历史上学术权威对

'学习的逻辑'——不同知识片断可以或者需要按照怎样的时间顺序进行学习和消化——具有独断权力。现在这些曾经独享的特权开始旁落，……如果学术界仍然认为大学是'追求高深学问'唯一和当仁不让的领地，那么除非是固执己见的人，否则任何人听起来都觉得苍白无力。"（安东尼·史密斯等，2010）[39-40] 这里鲍曼强调由于数字化生存方式，大学教师不仅失去了对高深学问的集体垄断权，也失去了关于高深学问课程的开发权，人们具有了开放的学习与研究高深学问的时间和空间。

二是合法地位的转移。20 世纪后半叶以来，各国高等教育在不断扩大规模的同时，开始向更高层次教育发展，包括硕士和博士在内的研究生教育获得快速发展。以我国为例，从 1999 年到 2005 年，研究生教育规模从 19.9 万人增加到 97.9 万人，约是原来的 4.92 倍，年递增率 25.58%，基本达到 1991 年我国普通本科在校生规模。（中国高等教育学会，2008）[350-357] 在发达国家这种变化要早一些。这种高等教育结构中，对高深学问研究开始上移，本科教育作为第一学位教育更多地强调教学而不是科研。如德国在 20 世纪 80 年代后期，在第一级学位专业，只有很少学生，不到 10%和一位教授建立亲密的关系，通过参加实验室或研讨班，仿效理想化的模式，很少有学生寻求科研训练和学科知识。"在德国大学，一般学生并不参与科研。"（伯顿·克拉克，2001B）[49] 伯顿·克拉克（Burton R. Clark）认为，在大众化条件下，大学对质量和费用增加的关切，"集中注意第一级学位学生的招生、保持和成绩时，科研活动典型性地或者被忽略，或者被消极地认为使教学和学习分心。教学被看作教学人员的中心活动。"（伯顿·克拉克，2001B）[278] 这种与科研分离的学习意味着本科教育已经游离"高深学问"的传统目标，这种传统目标历史性地落到了研究生阶段教育上。

三是现实需求的丧失。布鲁贝克认为，"高深学问"作为高等教育合法存在的哲学基础包括两个方面，其一是认识论的，其二是政治论的。"强调认识论的人，在他们的高等教育哲学中趋向于把以'闲逸的好奇'精神追求知识作为目的。他们力求了解他们生存的世界，就像做一件好奇的事情一样。"强调政治论的人认为，"人们探讨深奥的知识不仅出于闲逸的好奇，而且还因为它对国家有着深远的影响。……过去根据经验就可以解决的政府、企业、农业、劳动、原料、国际关系、教育、卫生等等问题，现在则需要极深奥的知识才能解决。而获得解决这些问题所需要的知识和人才的最好场所是高等学府。"(约翰·S·布鲁贝克,1987)¹³⁻¹⁵ 这种基于学习者主体需求的哲学基础,在当代社会已经不复存在。那种把追求高深学问作为"闲逸的好奇"是贵族式生活中的精英行为,远离大众的生活形态,在高等教育大众化条件下,这种目标既是遥不可及,也失去了存在的空间。至于追求高深学问以达成"对国家有着深远的影响",在信息化社会、在变动不居的社会生活中,也只能是一种理想,因为在大学中追求的所谓"学问"远远落后于社会变革的步伐,不能适应毕业后的生活需要。正如斯科特(Peter Scott)所说:"在新的大众化阶段,大学不能保证学生获得'特权'知识,因为这样的知识已不复存在;同样,大学也不能保证把学生培养成适应不同专业分工的'专家',因为认识论方面的不确定性和劳动力市场的重新整合,已经打破了传统的劳动分工格局。"(安东尼·史密斯等,2010)⁷² 可以肯定地说,对于当代绝大多数本科学生来讲,有关高深学问的需求已经基本丧失。

四是制度环境的变迁。高深学问赖以生存的学术自治和学术自由环境,在当代社会发生了重大变化。在 1982 年初,由于入学率下降,位于索诺马的加利福尼亚州立大学的校长发布了一个"处于危险之中的人的名单",里面列出了35 位教员的名字,作为解雇的候选人。处境危险的教授们之所以上了名单,是因为他们的教学服务领域面临着"资金的缺乏或者工作的缺乏"。教学服务领域从本质上讲是一种机制,它允许校长单独考虑每一个教员。把教学服务领域用作削减费用的单位,管理部门也就能够清除掉在系里扮演批评家角色的资深成员,而保留被认为是有价值的资历浅的教授。(加里·罗兹,希拉·斯劳特,2004)⁷⁴⁻⁷⁵ 这是一个案例,反映了最具自由制度的美国的当代学术环境:教授的学术权利受到严重干扰、许多学科或专业受到市场或投资者的干扰、学校管理政治化。美国如此,其他国家的学术环境更加恶化。另一方面,教授的学术工作受到越来越多的问责,阿特巴赫(Philip G. Altbach)指出:"几个世纪以来,人们都确信无须对学术工作进行任何严格的监督,学者的工作能力和工作成果都是令人满意的。现在问责日益成为学术生活语词的一部分。因为扩张的缘故,高等教育所消耗的资源越来越多,政府和私人投资者要求高等教育履行更大的责任。一种问责文化已经出现,并且开始影响学术职业。在许多国家,越来越多的高校普遍开展了学术工作评价,包括对教学、科研、服务和管理等全部学术工作范围的情况的评估。"(菲利普·G·阿特巴赫,2006)³ 这种学术问责的结果,是学校的学术自治失去基础、教授的学术自由走向没落。

　　五是机构功能的分离。"高深学问"的大学课程目标建基于科研与教学的一体化。这里的科研主要是指自然科学、社会科学与人文科学的研究。自从柏林大学赋予大学科研的使命，大学就一直努力做到通过科研传播、推进和保存知识，实现科研与教学功能的一体化，这种一体化主要是通过学科进行整合的。17-18 世纪是科学发端的时代，科学科目有限、科学研究没有分化、研究工具较为简单，加上师生比例高，在大学中科研与教学能够较为容易地结合。然而 19-20 世纪科学技术获得突飞猛进地发展，"加速进行的不只是科学发现。随着比以往更多的科学家进行科研，并对更强大和精巧的科学设备进行探索，他们取得很多惊人的成果，足以震撼仅仅几代之前最具想象力的人的智慧。这样多的成就自然提供了庞大和详细的新证据，导致对于自然界某些复杂和具体化的新观念的出现。……电子学和计算机技术……使所有领域的数据采集和处理产生了革命性的变化。"（科林·A·罗南，2009）[384] 荣尼克尔（Christa Jungnickel）和麦考马克（Russell McCormmach）在他们 19世纪和 20 世纪早期有关物理学发展的不朽著作中指出，一门大学学科目前需要三样东西：公认的科学家进行的科研、通过卷入科研对学生进行科研训练和一套综合的学习课程。对此，伯顿·克拉克认为："在大学中，教师的科研又走在前面，学生的科研有点强调，但是，越来越受到教师的精力和资源转到'大众化课程'的限制。重要的是，'一套综合的学习课程'这个因素供应不足。……用简单的话说，是高深的研究，贫乏的课程。在科研、教学和学习的相互关系中，'研究型大学'的基本弱点是它把学习的成分处于比较无组织的状态。"（伯顿·克拉克，2001B）[60-61] 正是课程学科综合性的缺失，导致大学生的专业学习"只见树木，不见森林"，缺失对知识整体性的洞见。当代科研由于自身的分化和艰深，无法与大学课程教学一体化，使高深学问失去应有的功能基础。

2. 高深学问秩序的单一性与高等教育多样性的矛盾

　　这里所分析的高深学问秩序存在的社会基础，不能等同于高等教育存在的社会基础。一个不可忽视的基本事实是，随着高等教育从精英阶段走向大众化阶段（诸多发达国家业已进入普及阶段），"大学"的内涵发生了质的变化，纽曼时代的"大学"与博耶时代的"大学"已经不是同一个概念。"19 世纪和 20 世纪初的'大学'概念清晰、指代明确、论者与听者均无理解歧义或异议。但今天的高等教育，已经在传统大学的基础上分别向'高端'（研究型大学、顶尖大学）和'低端'（社区院校、职业技术学院、短期大学等等）延伸，高等教育机构已经呈现出巨大的差异性。"（龚放，2008）[121] 从两年制的社区学院或高等职业技术学院，到顶尖的研究型大学，形成了多个层级，它们之间在结构、功能、规模、形态和办学目标、使命上的差异，是我们探讨高等院校课程问题时必须高度重视的一个因素。在高等教育大众化的背景下，高等院校更具多样性，不同高校教育使命的不同也决定了课程知识定位的差异。因此，不能抽象地讨论大学高深学问地位问题，必须回到高等教育的现实生态中作具体的分析。既分析这里主要讨论的是那些仍然可以称为"大学"的研究型大学的教学形态，至于那些在纽曼或洪堡时代尚未出现的难以归入经典的"大学"范畴的高等教育机构的课程问题，本身不存在"高深学问"秩序。

伯顿·克拉克认为，高等教育大众化和普及化，使高校和大学教师的数量大幅度增长，"为主要根据教学和科研的不同分布进行分化施加不可抗拒的压力：集中教学，某些背景被撤离科研。这种分化对科研、教学和学习的统一有决定性的影响，看来至少有三种主要的形式：一是高校类型之间的分化，二是大学和学院内部各专业层次的分化，最后是在大学学习本身最高层次内部的分化。"（伯顿·克拉克，2001B）[227] 他把这种分化现象称为"教学的漂移"。根据伯顿·克拉克的分析，19世纪用现代方式重构了大学的德国模式所确立的"科研—教学—学习"紧密统一的原则，正被越来越多的高等院校放弃。除了传统意义上的研究型大学，其他一些高校只是部分地投资科研，许多高校没有一个科研基地，主要是进行教学。非大学的学院特别是短期学院、社区学院，成为纯粹的教学型高校，并有意地与以科研为中心的高校分开。由于大众化进程迅猛展开、入学新生规模日增的影响，高校需要花较多的精力把学生提高到最初阶段的专门化学习。对大学新生的"补偿教育"，即帮助他们完成在中等教育阶段没有完成的通识教育，对于进入专业的入门性教育是非常必要的；而直接进入科研训练，对大多数学生而言显然是不合适的。在本科阶段主要以教学为主，以科研为基础的教学则延后至研究生教育阶段进行。科研基础弱化的教学甚至也扩展到研究生教育阶段，表现在两个方面：一是专业的变化，一些应用性、实践性、职业性的学位专业越来越占有重要的位置；二是高等教育的大众化、普及化使高等教育本身多样化，非学术取向的学生、非研究型学位越来越多。伯顿·克拉克在分析各发达国家高等教育分化的基础上得出以下结论，"各国正在经历反应性发展的高等教育系统稳步地在以下三类院校进行投入：(1)'以教学为主'的院校，(2)以教学为中心的大学的初级阶段，(3)在研究生阶段的非科研的学生。没有必要和科研紧密结合，或者大量地用做科研训练的教学，需要大大地增加。在大批院校，教学漂离传统的科研—教学—学习连结体。"（伯顿·克拉克，2001B）[232] 克拉克的"教学漂移"说从本质上揭示了"高深学问秩序"的单一性与社会对高等教育多样性需求的矛盾。

三、学术本位课程与学生需要的冲突

我国研究型大学大多创办于 19 世纪末和 20 世纪初，历届校长多为欧美留学生，因此大学发展受欧美大学教育传统影响至深。尽管与国际研究型大学不是同步发展，但在全球化背景上与国际研究型大学已经走向同一对话平台。我国研究型大学的现行课程秩序是典型的"高深学问秩序"，充分体现了学术本位思想。对我国研究型大学本科学生学习情况进行抽样调查，是了解当代大学课程秩序现状的重要途径。调查表的设计以泰勒课程原理为基本框架，从课程目标、课程内容、课程实施、课程评价四个方面进行命题。本次调查选择有效样本共 1160 个，他们分别来自 5 所著名研究型大学。其中，南京大学共 260 人（占 22.4%）、清华大学 180 人（占 15.5%）、北京师范大学 240 人（占 20.7%）、东南大学 200 人（占 17.2%）、复旦大学 280 人（占 24.1%）。从性别来看，男生 586 人（占 50.5%）、女生 574 人（占 49.5%）。从专业来看，文科学生 441 人（占 38.0%）、理科学生 315 人（占 27.2%）、工科学生 273 人（占 23.5%）、其他专业学生 131（占 11.3%）。从年级分布来看，二年级学生 644 人（占 55.5%）、三年级学生 465 人（占 40.1%）、四年级学生 51 人（占 4.4%）。而从学生户籍情况看，来自农村的学生为 312 人（占 26.9%）、来自县城的为 264 人（占 22.8%）、来自地级以上城市的学生为 584 人（占 50.3%）。由此可见，在中国的研究型大学中，有超过 70% 的学生都是来自城市，而来自农村的学生的比例比较小。从样本的分布情况来看，学校、性别、专业、年级等分布都比较均匀，抽样情况良好。调查结果反映了现存学术本位课程与学生实际需要之间存在着严重冲突。

1. 课程目标的冲突

关于课程目标，主要向本科生提出三个问题：您认为当前大学课程实际追求的核心学习目标是什么（即外在赋予目标）？您在大学课程学习中实际追求的目标是什么（即主体追求目标）？您认为当前大学课程追求的学习目标与您的个人发展需要是否符合？在问卷设计上，把目标选项确立为"掌握专业知识和技能"、"提高文化素养"、"培养科研能力"、"满足个人兴趣"、"提高社会适应能力"，主要体现了通识教育、专业教育的共同追求。统计结果反映了学生对外在赋予目标的理解与主体追求的明显差异。

首先，学生对课程赋予目标理解基本符合课程设计意图。如图所示：

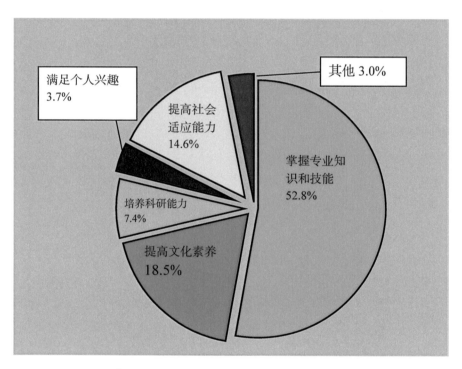

图 2-1：学生对于当前大学课程外在赋予目标的感知

可以看出，有 52.8% 的学生认为当前大学课程要求他们掌握专业知识和技能，选择"提高文化素养"占 18.5%，选择"提高社会适应能力"占 14.6%，选择"培养科研能力"、"满足个人兴趣"各占 7.4%、3.7%，经卡方检验，χ^2=1218.276，df=5，p < 0.001。这说明，学生在这几个类别的选择上存在着显著的差异，绝大多数学生认为，当前大学课程就是要他们去掌握专业知识，提

升专业技能。这正是学术本位课程设计的目标定位，学生的理解与当前的课程秩序追求是一致的。但是，进一步对学生的年级因素进行分析，发现不同年级学生在外部赋予目标的理解上也存在一定的差异。

从年级这个因素来看，存在着显著的弱关联性（根据列联卡方检验，存在着显著的弱相关性：C=0.130，χ^2=20.037，df=10，p＜0.01）。二年级和四年级两个年级的学生比较而言，更多的二年级学生会选择"掌握专业知识和技能"（53.4%），但是更多的四年级学生却选择了"提高文化素养"（19.6%）、"培养科研能力"（13.7%）、"满足个人兴趣"（7.8%）、"提高社会适应能力"（17.6%）。这从一个侧面反映了学生随年级增高对课程理解的多元化。

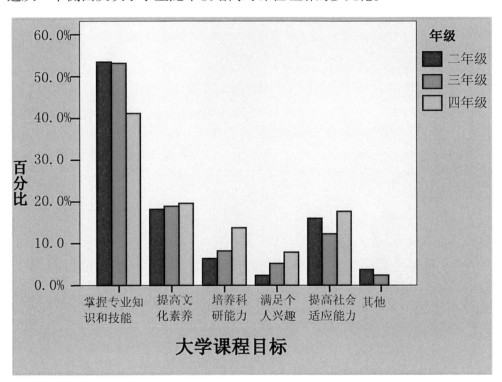

图2-2：不同年级的学生在大学课程目标感知上的差异

其二，学生主体追求的学习目标明显呈现出多元化。调查发现，38.2%的学生实际追求的学习目标选择了"掌握专业知识和技能"，22.8%的学生选择"提高文化素养"，20.9%的学生选择了"提高社会适应能力"，7.4%的学生选择"培养科研能力"，7.6%的学生选择"满足个人兴趣"，还有3.1%的学生选择"其他"。统计结果如下图：

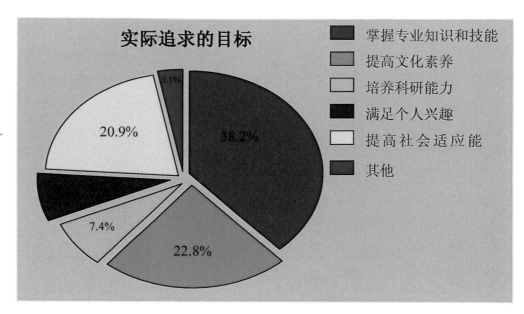

图 2-3：学生实际追求的课程学习目标

如果结合年级和专业两个因素进行分类统计，发现存在一定的差异。

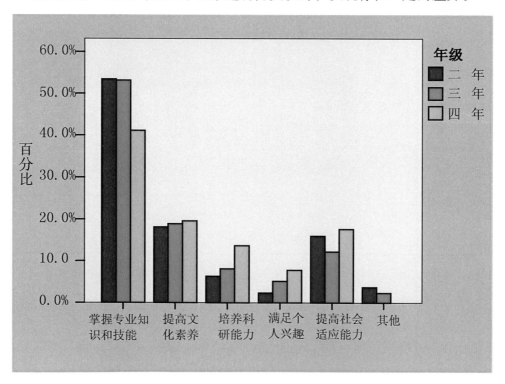

图 2-4：不同年级本科生实际追求的课程目标

从年级的分布状况而言，随着年级的逐渐升高，越是临近毕业的学生，越强调非专业化的一般能力的培养，如科研能力、个人兴趣、社会适应能力等。根据列联卡方检验：C=0.137，χ^2=22.336，df=10, p＜0.05，年级与实际追求的目标之间仍然存在着显著的弱关联性。

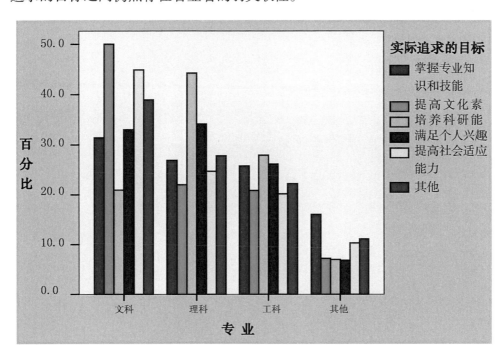

图2-5：不同专业学生实际追求目标

根据列联卡方检验：C=0.220，χ^2=59.015，df=15, p＜0.001，可以看出不同专业的学生实际追求的学习目标存在着显著的弱相关性，说明存在一定的差异。具体来说，对于文科学生来说，"提高文化素养"（50%）与"提高社会适应能力"（44.9%）是其主要的学习目标；而对于理科学生来说，排在第一位的目标是"培养科研能力"（44.2%）、第二位的目标是"满足个人兴趣"（34.1%）；对于工科学生来说，其目标追求状况与理科十分相似，排在第一位的目标仍然是"培养科研能力"（27.9%），排在第二位的也是"满足个人兴趣"（26.1%），而排在第三位的则是"掌握专业知识和技能"（25.7%）。数据表明，不同学科对于学生实际追求的目标是有一定影响的，专业能力、科研能力与个人兴趣似乎主导了理工科学生的学习追求，而更宽泛的文化素养与社会适应能力等的培养则成为文科学生更关注的学习目标。

其三，课程的外在赋予目标与学生主体内部追求目标之间存在显著差异。这种差异首先存在于对大学课程外在赋予目标理解的相对集中与主体自身追求目标的多元化。另一个重要方面表现在学生自己的判断上。统计结果如图所示：

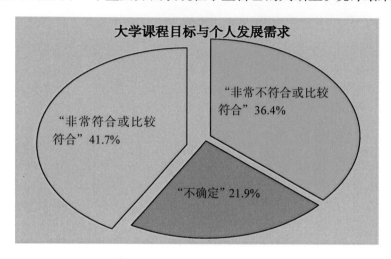

图 2-6：大学课程目标与个人发展需求的符合程度

我们把选项合并成三个：一是"非常不符合或比较不符合"、二是"不确定"、三是"非常符合或比较符合"。调查结果表明，选择"非常不符合或比较符合"的比例为 36.4%，选择"非常符合或比较符合"的比例为 41.7%，选择不确定的比例为 21.9%，有超过一半的学生认为当前大学的课程目标与自己实际的个人发展需要要么不太符合、要么不置可否。这种状况反映了当代大学课程与教学的设计并不符合多数学生的实际需求。

2. 课程体系的冲突

目前正规的课程体系包括必修课、选修课，涉及教材、课外阅读等因素。在这部分内容的问卷设计上，是从学生的感知出发，重在了解课程体系与社会需要、学生实际需要的关联性，了解学生在实际学习中的精力、兴趣等主体性的投入情况。包括五个问题：您认为当前大学课程体系与社会需要的关联程度如何？在您已经学过的必修课程中，您认为仅仅是为了获取学分的课程占多大比例？在学校为您开设的选修课目录中，真正想去学习的课程有多大比例？在您所学过的并已计入学分的所有课程当中，切合您自身学习需要的有多大比例？在所修大学本科课程提供的教材中，您饶有兴趣、多次阅读的有多大比例？在教师推荐的阅读书目中，您认真阅读的有多大比例？选项是基于实际进行判断的五点等分设计。

其一，当前大学课程体系与社会需求的关联程度不大。这里所说的"社会需求"是学生视野中的社会需求，是基于学生的理解，无疑融入了学生的个人需要。统计数据如下：

表2-1：大学课程体系与社会需求的关联程度

选　项	非常不符合	较不符合	不确定	较符合	非常符合
人　数	67	324	224	422	13
百分比	6.4%	30.9%	21.3%	40.2%	1.2%

调查结果表明，认为二者"非常符合"只有1.2%，认为"较符合"的占四成，近六成的学生认为"不符合"或持怀疑态度。在学生看来，大学课程体系较多地在象牙塔中，并不为广大学生所认同。

其二，必修课并非学生所需，多数学生的学习仅仅为了学分。统计结果如下图所示：

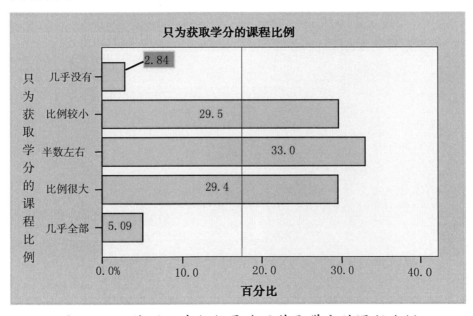

图2-7：必修课程中仅仅是为了获取学分的课程比例

结果显示，5.1%的学生选择了"几乎全部"，29.5%的学生选择了"比例很大"，选择半数左右的则达到了33.0%，这三个选项的选择面达到了67.6%。这说明，当前研究型大学必修课程其实不太令学生感到满意，超过6成的学生都认为大多数必修课程都是为了凑学分而已，说明必修课对学生来说仅仅是学分必需，并非学习的内在需要，反映课程设计水平有待提高。不同专业、不同毕业去向的学生对必修课程的学习态度存在着显著的弱关联影响。

从专业的角度来看，文科学生对于必修课程似乎更加不感兴趣。在 441 个文科学生中，认为是"几乎全部"课程是混学分和"大部分"课程是混学分的人数分别达到了 16 人和 152 人，占所有文科学生的 3.6%和 34.5%；认为"几乎没有"课程是混学分和"比例较小"部分课程是混学分的学生人数则分别为 5 人和 110 人，占所有文科学生的 1.1%和 24.9%。理科和工科的情况稍微好一些。感兴趣和不感兴趣的比例大致一半对一半。而其他专业的学生（主要是医科学生）则表现出对必修课的较为明显的满意程度。在 131 个其他专业学生中，认为是"几乎全部"课程是混学分和"大部分"课程是混学分的人数分别达到了 12 人和 22 人，占所有其他专业学生的 9.2%和 16.8%；认为"几乎没有"课程是混学分和"小部分"课程是混学分的人数则分别为 5 人和 52 人，占所有其他专业学生的 3.8%和 39.7%。根据列联卡方检验：C=0.174，χ^2=36.417，df=12，p < 0.001，表明专业与大学生的必修课满意度之间存在着显著的弱相关性。

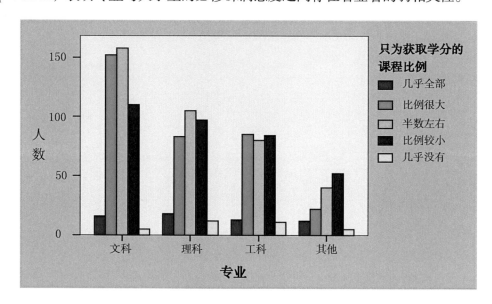

图 2-8：不同专业学生对必修课程的学习态度比较

毕业去向对学生的必修课程学习态度存在着显著影响，根据列联卡方检验 C=0.170，χ^2=34.541，df=15，p < 0.001，存在着显著的弱相关性。从图中可以看到，选择"去企业（或公司）"的学生更倾向于认为"必修课程是混学分"，而在"准备继续学习和深造"的学生之中，更多的人则认为"大部分必修课程不是混学分的"。而选择"去政府机关"和"其他"的学生则更倾向于"混学分"的这种感

受。研究表明，我国研究型大学的必修课程更有利于那些准备深造、继续学业的学生，他们的学习态度要比准备今后直接就业的学生更加积极和认真。

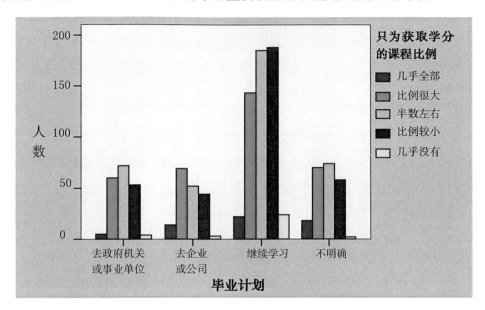

图 2-9：不同毕业去向学生对必修课程的学习态度

其二，选修课程对学生并没有较大的吸引力。关于"在学校为您开设的选修课目录中，真正想去学习的课程有多大比例？"的回答，统计结果如图所示：

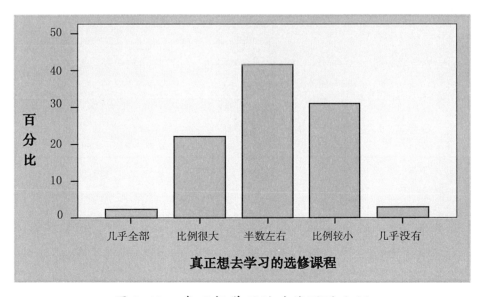

图 2-10：真正想学习的选修课的比例

调查结果表明，选择"几乎没有"的比例为 2.9%，选择"比例较小"的为 31%，选择"半数左右"的为 41.6%，选择"比例很大"和"几乎全部"的分别为 22.1% 和 2.3%。由此可见，当前绝大多数的选修课似乎不太能吸引学生的兴趣。对专业因素进行分析，不同专业的学生对于选修课的兴趣有着显著的差异。根据方差分析，文科学生对于选修课的兴趣程度最差，均值达到了 3.18；工科其次，均值是 3.12；其他专业均值为 3.04，理科学生的兴趣程度最高，为 3.01。经过检验，$F(3,1156)=2.793, p<0.05$。经过 Bonferroni 后测，差异程度最显著的是文科学生与理科学生。也就是说，对于真正想去学习的选修课比例而言，理科学生要比文科学生明显大得多。这也进一步说明，当前我国研究型大学为文科学生提供的选修课质量问题尤为严重。

其三，学生已学习的所有课程中，多数是外在控制的结果。为了达到毕业的学分要求，学生必须学习若干课程，在这些课程中，有多大比例是切合学生自身学习需要的呢？对这个问题的调查结果如图：

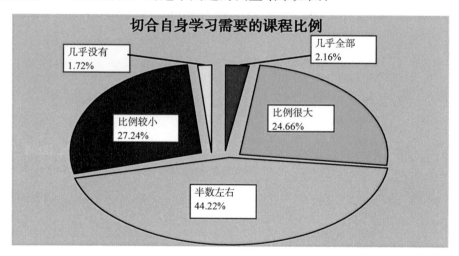

图 2-11：在所有课程中切合自身学习需要的课程比例

选择"几乎没有"和"比例较小"的分别占 1.72% 和 27.24%，选择"半数左右"的占 44.22%。这其实就总体上反映了当前的课程在满足学生个体需要方面并不尽如人意。接近 80% 的左右的学生认为自己所学的课程中，至少有"一半"以上的课程不是自身所需要的，只是一种应付。说明课程安排中的制度与学生主体存在着广泛的冲突，这种冲突直接造成学生精力的浪费，影响学生的学习效率，不利于学生的持续发展。

其四，学生对教材和教师推荐的阅读书目没有兴趣。在大学，教材是课程的主要表现方式，也是学习的核心资源，学生对教材是否饶有兴趣、多次阅读呢？针对这一问题，学生回答情况统计如下：

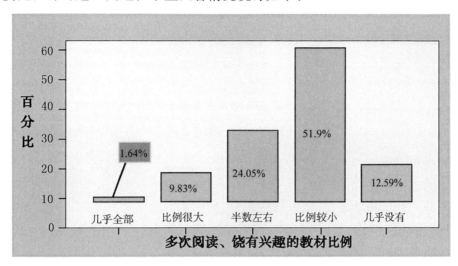

图 2-12：学生饶有兴趣、多次阅读的教材比例

对于教材而言，分别有 51.9% 和 12.59% 的学生认为自己认真阅读的比例很小或几乎没有。经过卡方检验，学生在这个选项上存在着显著的差异性（经卡方检验，χ^2=887.060，df=4, p < 0.001）。与之相联系的是对教师推荐书目的阅读情况，调查统计如下：

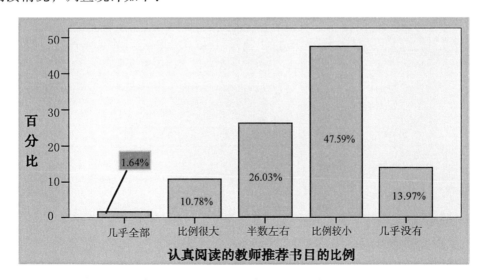

图 2-13：学生对于教师推荐书目认真阅读的比例

可以清晰地看到，对于教师的推荐书目来说，有 47.69% 和 15.97% 的学生认为自己认真阅读的比例很小或几乎没有。经过卡方检验，选择在这个选项上存在着显著的差异性（经卡方检验，χ^2=728.526，df=4，p < 0.001）。

学生对教材或教师推荐书目没兴趣或不认真阅读，反映了学生对外在于主体的课程的排斥，揭示了学术本位课程的内在问题，是学生需要与当下课程秩序冲突的具体表现。

3. 课程实施中的冲突。

如果说课程目标冲突是思想层面的，课程体系冲突是态度层面的，那么课程实施中的冲突则是行为层面的。课程实施几乎包括了大学生的生活的全部，学生的在校的大部分活动是围绕课程实施展开的，包括学习计划、学习活动、社团活动、同伴关系、考试评价等。关于课程实施情况的调查从对学生大学学习生活的影响因素入手，着重了解大学课程中主要因素对学生的影响，学生的学习计划情况、学生学习精力的主要投入方向、学生的学习方式选择、学生对课程成绩及考试、教育质量的看法等。调查结果反映了课程实施中的诸多冲突。

其一，课程内容对学生的影响远不如同学之间的影响。关于"在大学学习生活中，哪个因素对您的影响最大？"这个问题，统计结果表明，当前影响大学生学习生活的最大因素是同学，有 43.1% 的学生选择了这个选项。其次是所学的课程，主要是指学习内容，但比例仅为 18.45%。选择"教师"的也仅仅为 15.69%。结果如下图：

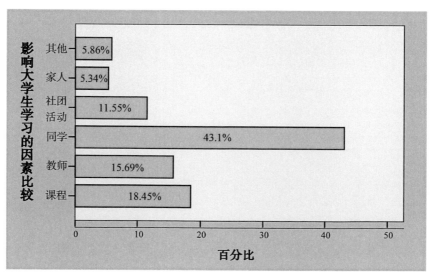

图 2-14：对大学生学习生活影响最大的因素

进一步从专业的角度分析，他们在最大影响因素的选择上是有差异的。根据列联卡方检验，存在着显著的弱相关性：C=0.195, χ^2=45.826，df=15，p < 0.001。具体而言，在选择"教师"作为最大的影响因素的学生中，文科学生的比例最高为 23.13%；而在选择"同学"为最大的影响因素的学生中，工科学生的比例最高为 48.72%，其次是理科学生为 46.02%；而选择"课程"为最大的影响因素的学生中，其他专业（主要是医科）的学生比例最高 23.66% 。

具体数据如下表：

表 2-2：不同专业影响大学生学习最大因素比较（%）

专业 \ 因素（百分比）	课程	教师	同学	社团活动	家人	其他
文科	17.01%	23.13%	37.41%	11.56%	3.85%	7.03%
理科	20.63%	12.7%	46.03%	10.16%	5.4%	5.08%
工科	15.75%	9.52%	48.72%	14.29%	7.33%	4.4%
其他	23.66%	10.69%	43.51%	9.16%	6.11%	6.87%

那么教师、课程、同学、社团对学生的影响究竟表现在哪些方面呢？调查把影响的选项主要设计为以下几个方面：专业知识、学术体验、自我认知能力、社会适应能力、情感与信念。这是对前述课程目标的另一种表述。

具体数据如下表：

表 2-3：主要因素对大学生学习影响最大的方面比较（%）

专业 \ 因素（百分比）	专业知识	学术体验	自我认知能力	社会认知能力	情感与信念	其他
教师	43.36%	22.76%	13.36%	5.26%	12.07%	3.19%
课程	58.79%	17.41%	13.36%	4.31%	4.14%	1.98%
社团活动	2.16%	3.79%	16.03%	57.67%	11.55%	8.79%
同学	4.91%	4.91%	20.86%	32.59%	34.57%	2.16%

从表中可以较为明晰地看出不同因素对学生不同方面产生的影响。从教师这个因素来看，我们发现，有较大比例的学生认为教师对自己的影响主要体现在学业方面，这包含专业知识（43.36%）和学术体验（22.76%）。从课程这个因素来看，我们发现，仍然有非常大比例的学生把课程对自己的影响主要归结为学业方面，如专业知识（58.79%）和学术体验（17.41%）。从同学这个因素来看，我们发现，更多的学生主要认为同学影响了自己的自我认知（20.86%）、社会认知（32.59%）和情感信念（34.57%）。从社团这个因素来看，我们发现，57.67%的学生认为社团影响了自己的"社会适应能力"，分别有16.03%和11.55%的学生选择了"自我认知能力"、"情感与信念"。

综上所述，"同学"这个因素被认为是对本科学习生活影响最大的因素，主要对学生一般能力发展有重要影响，如"自我认知能力"、"社会认知能力"等。这充分表明，在大学生的心目中，学生重视自身素质的发展，而学术性课程实施往往注重知识本身，对学生的发展远不如同伴间的交往。

其二，课程实施中缺少对学生系统化、个性化学习计划的指导。学生本科学习阶段的整体规划是学生素质发展与专业发展的重要基础，也是课程实施的重要组成部分，需要教师给予关注和指导。那么学生是否有明确可行的学习计划呢？具体数据统计如下表：

表2-4：学生制定学习计划情况

选项	人数	百分比
有完整系统的学习计划	67	6.40%
有某一方面或某一阶段的学习计划	694	66.10%
只有学校统一的学习计划	199	19.00%
没有任何学习计划	79	7.50%
其他	11	1.00%

可以明显地看出，绝大多数学生（65.43%）都只制定了某一方面或某一阶段的学习计划，只有极少数学生（6.64%）制定了完整而系统的学习计划。此外，只按照学校规定的统一计划行事和没有任何学习计划的比例分别是19.14%与7.84%，这表明有接近3成的学生根本就没有什么清晰地自我认识和自我发展规划。系统而有个性的学习规划的缺失，说明学生的本科学习缺少自觉性，其背后是课程实施中学生主体性的缺失。

其三，单一的教学方式不适应学生多样的学习方式追求。学生最喜欢的学习方式如下图：

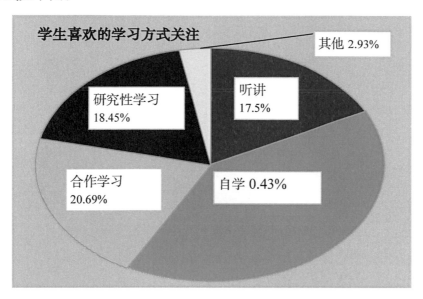

图 2-15：学生最喜欢的学习方式

通过卡方检验，学生在"最喜欢的学习方式"的选择上存在着显著的差异：χ^2=416.388，df=4，p < 0.001，40.43%的学生喜欢"自学"，选择"合作学习"的占 20.69%，选择研究性学习的为 18.45%，只有 17.5%的学生选择了听讲。引入性别这个变量，根据列联卡方检验：C=0.137，χ^2=22.224，df=4，p < 0.001，不同性别的学生对于所喜欢的学习方式存在着显著弱相关性，差异十分明显。根据统计，"最喜欢听讲"的女生比例（21.4%）要高于男生（13.7%），而"最喜欢自学"的男生比例（46.2%）要高于女生（34.5%）。而在合作学习、研究型学习等方面，男女生的比例差异不大。而如果从专业的角度来看，根据列联卡方检验：C=0.170，χ^2=34.322，df=12，p < 0.001，不同专业的学生对于最喜欢的学习方式也存在着显著的弱相关性，差异也十分显著，理科和工科的学生更喜欢"自学"，比例分别达到了 49%和 47%，而在"听讲"、"合作学习"、"研究型学习"等方面，文科学生的选择比例要高于理科和工科学生。

其四，学生大部分时间花在专业课程学习上，与研究型大学的理念追求有差异。对"您花时间最多的是哪个方面的学习？"问题的调查，统计数据如下图：

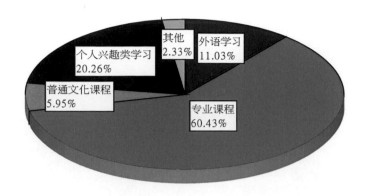

图 2-16：学生在具体课程类型上所花时间情况

可以看出，大多数学生都选择了"专业课程"（60.43%），选择"普通文化课程"的仅占据 5.95%，通过卡方检验（χ^2=1290.431，df=4，p < 0.001）发现，学生在认为花时间最多的方面之选择，存在着显著的差异。这说明当前我国研究型大学还是专业化导向非常浓厚，普通教育或通识教育其实并没有得到真正的重视，学生在这个方面所花的时间也不多。其中选择"外语学习"比例几乎是选择"普通文化课程"比例的两倍，也反映了课程结构的不合理。学生在个人兴趣类学习上所花时间不足，也制约了个性发展和创造能力提升。

其五，课程评价不能反映学生的真实学习情况。课程评价质量的高低也是反映研究型大学本科课程质量的重要指标，我们主要从两个方面进行调查，一是"课程成绩是否能反映学生的真实学习收获"，二是"考试内容和手段是否能反映课程本身的学习要求"。有关第一问题的统计结果如下图：

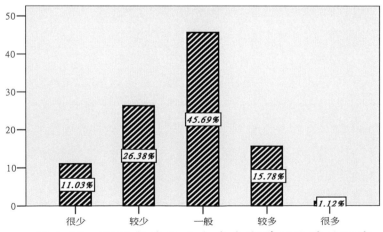

图 2-17：课程成绩反映自身真实学习收获的程度

学生认为课程成绩"很少反映"、"较少反映"、"一般反映"自身真实学习收获的比例分别为 11.03%、26.36%和 45.69%，总计超过了 80%。说明大多数学生认为当前的课程成绩其实是不太能反映自身的学习收获的，课程成绩的效度是成问题的。对不同专业学生进一步分析，根据方差检验，$F_{(3,1156)}$ =6.086,$p<0.001$，说明不同专业的学生在对课程成绩能否反映自身真实学习收获的评价上存在着极其显著的差异。从下图可以看出，文科学生的评价最低，他们的平均值只有 2.553，说明文科学生认为文科的课程成绩似乎最不能反映自身的真实学习收获，而理科、工科和其他专业之间没有显著差异，这三个专业与文科之间都存在着显著差异。

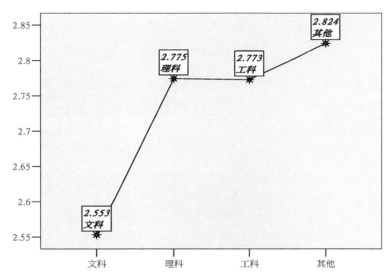

图 2-18：不同专业学生对课程成绩真实反映学习收获的评价

课程评价不能反映学生真实学习情况的原因是多方面的，其中考试内容和考试手段是原因之一，那么它是否能反映课程本身的学习要求呢？调查数据如下表：

表 2-5：考试与课程要求相关性

程　　度	很多	较多	一般	较少	从不
百分比	0.90%	17.60%	48.90%	23.90%	8.70%

可以看出，对于"考试内容和考试手段能否反映课程本身的学习要求？"这个问题，选择很少、较少与一般的比例分别为 8.7%、23.9%和 48.9%，合计

超过了 80%。这说明，总体来看，当前的考试内容和考试手段并不能反映课程本身的学习要求，这是课程评价质量不高的主要原因。在课程评价中，结果与学生学习实际间存在着一定的冲突。

4. 师生关系的冲突

在课程秩序中，师生关系是最核心的一对关系，也是对学生发展影响最大的一组关系。我们进一步考察了当前研究型大学中学生与任课教师的关系状况。主要包含三个方面，一是与任课教师的关系远近程度；二是在哪个方面与任课教师的交往最多；三是教师对学生的个性化学习要求关注程度。从中发现在当前的课程秩序中，师生关系也存在诸多冲突。

其一，学生与任课教师的关系普遍不密切。就"总的来说，您觉得任课教师与您的关系怎样？"的回答，结果如图所示：

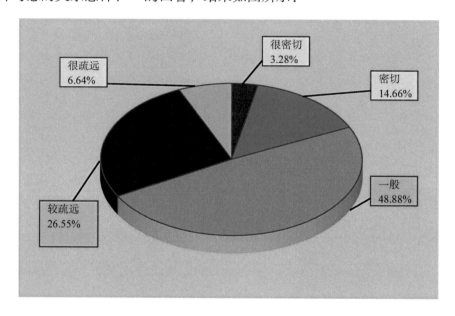

图 2-19：与任课教师关系的远近程度

可见，48.88%的学生认为自己与任课教师关系一般，认为较疏远的占26.55%，很疏远的为 6.64%，选择"很密切"与"较密切"的合计约 18%。这说明，总体来看，当前的师生关系还是不密切的，说明教师并没有把学生的发展放在突出地位，有悖大学的精神。进一步分析学生任职情况对其与老师交往密切程度的影响，经过方差检验，F（2,1157）=14.156,p<0.001。说明任职情况对于与老师交往的密切程度有显著的影响。其中，担任班干部的同

学与老师交往最密切（均值为 2.957），其次是院校学生干部（均值为 3.171），与老师交往最疏远的是无任职的学生（均值为 3.285）。可能是因为班干部经常要代表班级学生群体与任课教师接触，相应地获得老师关注和提携的机会更多一些。再进一步分析学生所在年级对其与老师交往密切程度的影响，根据方差检验，$F（2,1157）=3.318,p<0.05$。说明学生的所在年级对于与老师交往的密切程度有显著的影响。具体来说，二年级的学生与老师关系最疏远（均值为 3.244），三年级其次（均值为 3.123），四年级学生与老师关系最密切（均值为 3.039）。随着四年级学生逐渐适应大学生活，他们会主动地与老师联系，主动与教师交往，而低年级学生主动性还不够。那么学生与教师在哪方面交往最多呢？统计如下表：

表 2-6：学生与教师交往最多的方面（％）

项　　目	学习指导	生活帮助	思想交流	参与教师研究	帮老师做事	其他
百分比	72%	3%	12%	5%	3%	5%

可以清晰地看到，绝大多数学生都认为，自己与任课教师交往最多的方面是"学习指导"，占 72%。其次是思想交流，但也只有 12%。学习指导的交往可能更多地围绕课程展开互动，多数发生在课堂上。教师对学生思想、品德、生活、研究等关心显得十分苍白。而对学生个性化学习要求是否关注呢？结果如图：

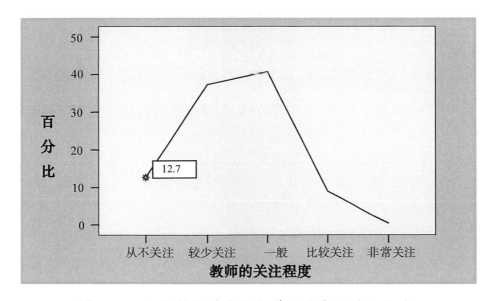

图 2-20：任课教师对个性化学习要求的关注程度

学生选择"从不关注"、"较少关注"和"一般"的比例分别是12.7%、37.3%和40.8%，合计超过了90%。这说明，学生的个性化学习需求并没有得到广大教师的关注。不仅如此，日常教学中教师也缺少对学生学习意愿的关照，关于"一般来说，老师授课过程中是否就内容、方式、进程等征求学生的意见？"的回答结果统计如下：

表 2-7：老师授课中在内容、方式、进程等方面征求学生意见的程度

程　度	很多	较多	偶尔	较少	从不
百分比	3.1%	28. 36%	47.67%	18.53%	2.33%

调查显示，在教学中从不征求、偶尔征求与较少征求学生意见的比例分别达到了2.33%、47.67%与18.53%，累积接近70%。说明教师在教学过程中不太关注学生的真实需求，从更深层次来说，高深学问秩序的课程是知识中心课程，也是教师本位课程，学生实际上被边缘化。这是师生关系中存在冲突的根源，也必将导致课程秩序的失调。

四、制度安排与教师观念的差异

大学教授作为课程开发的主体，对大学课程有切身的体验和独特的理解，大学课程实施的过程在一定意义上是教授们对课程意义的建构过程。课程的制度供给与教授们的课程理解是否取向一致，是判断当前课程秩序是否和谐的依据之一。

1. 教授访谈的基本情况

本文试图通过对教授的结构式访谈来了解教授的观点和实践。本次访谈以研究型大学课程开发主体和要素为对话框架，以研究型大学具有本科教学经历的教授为访谈对象。访谈的主要目的有三点：一是了解被访教授对本科教育价值与定位、大学课程开发、教授的课程角色以及大学课程管理制度等现实问题的看法；二是了解被访教授对大学课程的认识、理解以及形成的课程观；三是就学生的课程主体地位、大学课程哲学等理论问题进行探讨。具体访谈提纲如下：

(1)从您个人的经历来看，目前进行教学和科研所依赖的知识，有多少是在大学本科阶段学到的？本科教育给您一生最大的影响是什么？

(2)目前的大学教育越来越关注为学生就业服务，有的专家认为其功能是远不如周末"短期职业培训班"。您怎么看这一问题？究竟如何定位研究型大学的本科教育？

(3)您认为影响大学教学质量最核心的因素是什么？您的教学实践主要关注哪些问题？

(4)您是如何理解大学课程的？您认为当前研究型大学课程主要存在哪些问题？

(5)谈到大学课程，许多大学教授总是基于自身的研究编制方案和确立内容，您认为这样做合适吗？大学教授在课程开发中应扮演什么角色、主要工作有哪些？

(6)大学管理者应建立怎样的大学课程理念？现行的大学课程管理制度主要有哪些？您觉得应建立怎样的课程管理制度？

(7)回顾历史，大学教育文化经历了三次大的变革。一是中世纪大学走出宗教的桎梏，确立以知识传授为核心的教育职能；二是近代以柏林大学创办为标志，确立了大学的科研功能；三是现代以威斯康辛思想为标志，赋予大学社会服务功能。但是学生自身的需求始终被边缘化，研究型大学能否确立学生中心的教育文化？您认为大学课程怎样才能更多地关注学生？您对大学课程改革有什么建议？

(8)"数字化生存方式"、"终身发展理念的确立"以及"快速的高等教育普及化进程"无疑对研究型大学教育产生重要影响，您认为这些影响主要包括哪些方面？围绕"高深学问"建立的高等教育哲学是否需要重新审视？

围绕此一访谈提纲，选取中外研究型大学 11 位著名教授作为访谈对象，他们是：

J. A.D，教育学博士，美国 CB 大学高等教育研究中心高级研究员，巴黎政治学院客座教授，牛津大学高等教育政策研究中心客座研究员，加利福尼亚中等后教育委员会兼职政策分析专家。主要从事研究型大学的学生学习经验、大学在经济发展中的作用、高等教育大众化对社会及全球化的影响等方面的研究。

J.M.N，社会学博士，美国 DW 大学教授，中国 NJ 大学讲座教授，主要从事社会心理、中美社会比较研究。

LJ，男，上海交通大学博士、博士后，现任 TG 大学机械工程学院副院长、教授、博士生导师，新能源汽车与动力系统国家工程实验室"汽车轻量化研究方向"学术带头人之一。

J，男，日本北海道大学物理化学博士学位，加拿大多伦多大学药剂学博士学位。现任 SG 药学院副院长、教授， 药物输送与生物材料课题组组长。

GY，FD 大学外国语言文学学院副院长、教授，复旦大学双语辞书编纂博士学位，《新英汉字典》（第 4 版）主编。

H，男，复旦大学博士学位，现任 HD 大学物理学系主任、教授、博士生导师，华东师范大学终身教授、精密光谱科学与技术国家重点实验室副主任。

T，男，历史学博士，现任 HD 大学人类学民俗学研究所所长、教授、博士生导师，主要从事民俗学、人类学研究。

LD，男，1964 年毕业于南京大学物理系并留校任教，现为 NJ 大学教授、全国首届"高等学校教学名师奖"获得者，曾任 NJ 大学基础学科教育学院院长、物理天文学指导委员会委员，主要从事理论物理、统计物理与凝聚态理论研究。

X，男，南京大学理学博士学位，现任 NJ 大学多媒体科教中心主任、教授、博导，教育部现代教育技术协作委员会学术委员副主任，江苏省地质协会科普委员会副主任。曾获得国家教委科技进步二等奖和一等奖，主要科研方向为地球化学动力学、地质过程的示踪与模拟。

S，男，NJ 大学网络化学习与管理研究所所长、教授、高等教育学博士生导师，教育部现代远程教育专家顾问组成员，国家教育发展研究中心兼职研究员，北京大学兼职教授。主要从事教育哲学、高等教育信息化研究。

GF，男，1982 年毕业于南京大学中文系并留校任教，现为 NJ 大学高等教育研究所所长、教授、博士生导师，NJ 大学校务委员会委员。主要研究领域为高等教育学理论、高等教育政策、高等学校管理、港台高等教育研究等。

2. 被访教授的主要观点

根据教授们的访谈录音，其主要观点整理如下表：

表2-8：被访教授主要观点整理一览表

被访教授	本科教育价值与定位	课程理解与问题反思	课程改革建议
J.A.D	价值：包括师生交流在内的学术环境对学生思维产生重要影响，学生的大学经历是一生的财富，专业教育提供一种解决问题的方式。 定位：专业教育代表教育的深度，通识教育代表教育的广度。	理解：课程需要重视跨学科知识，以利于学生职业变动需要；要重视课外的经历，提高学生的实践能力。 问题：教授基于自身研究教学，课程广度不够；有的大学缺少重视教学的文化。	课程设置找到一个平衡点，提供一种结构，让学生有发展路径。 学生参与课外的研究项目，收获会比课堂大得多。 大学在教学、研究与服务的过程中都要重视学生这一维度。 要在为学生提供广泛知识基础上才能进入高深学问研究。
J.M.N	价值：培养批判性评估能力、形成论据能力、专业论文写作和即席表达能力。 定位：理解世界与适应变化的广博教育。	理解：教育者要把真实生活的经验和学科领域中的研究带给学生。 问题：当前的课程太聚焦记忆。	教学要在教师自己研究与他人研究成果间寻求平衡。 教师既要有学术自由又要保持一种学术忠诚。 教师为更具多样化的学生群体提供针对性服务。
LJ	价值：让学生获得一种学习能力，工作能力，社会关系处理能力，发现问题与解决问题能力。 定位：培养社会需要的人，对人进行一些基础训练，包括传授基础知识、训练基本技能、培养自学能力、树立良好世界观。	理解：课程就是给学生发现与发挥自己优势提供空间和机会。 问题：有15%的学生学了他不擅长的专业，课程没有关心学生的个性需要。	教师在教学中要注重课程资源的开发，而不是简单传播知识。 课程要为学生提供多种机会，让他们找到他们最敏感的事物领域，从而挖掘潜能。 让最著名的教授组织团队编写专业教材，体现学科最新成果。 课程旨在培养能力和兴趣。
J	价值：承认人的多样化，促进人的潜力获得最大的发挥。 定位：重视人的教育，以解放人的思想为目的，大学的灵魂是为学生营造一个学习和成长的环境。	理解：给学生多样化选择的机会，通过多样化满足社会需要和个体学习需要。 问题：培养学术领袖等是小概率事件，没有自由的环境给予保障；指标性评价不能反映人的科学素质。	课程开发要解决"道"与"术"两个问题，管理层面重"道"，教师实施层面重"术"。 课程可以将多专业课程打包让学生选择，课程包应多样化。 一个好的研究者其教学才能给予学生一个学科全貌。 大学科研是一种自由探索，是学生学习与成长的重要环境。

GY	价值：打基础，包括专业知识基础，学科兴趣基础，研究方法基础。 定位：综合素养教育。	理解：核心问题是教材建设，需要不断加入新的课程资源。 问题：必修课程的教材很难改革，往往知识老化，不能适应变革需要；教师很少顾及学生的很多需要。	加大通识教育比重，将专业教育重点落实在专业素养方面。 教师要通过定期学生座谈会，了解学生需要，不断改进教学行为，提高质量。
H	价值：不仅教知识，还培养学生的素质包括人格、思维品质等。 定位：培养人才素质，为培养长线人才做准备。大学要让师生充分享受思想和精神的自由。	理解：因为专业教育，本科是个交叉点，不同专业给学生不同的思维、处事和世界观、工作等模式。 问题：教师普遍不重视教学，学生的专业兴趣缺乏必要的引领。	课程的实用化不利于整个文化和科学的发展。 大学文化氛围具有很强的学术感染力，本身就是课程。 科学研究如同军队打仗一样，需要进行训练。 培养学生的信仰是课程的重要任务。 大学教师需要进行资格考试。
T	价值：打好学科基础，广泛记忆知识，拓宽学术知识面。 定位：文化基础素养与专业素养教育，包括道德素养；大学除了原有职能外，还要进行文化建构，引导社会建立文化自信。	理解：重要的经典教材往往代表了整个学科的水平，教材讲透了称得上学科专家；课程应成为科技的发动机，文化的发动机。 问题：考公务员等就业准备影响专业学习。学生课太多、作业太多，没有自由思考的空间与时间。	应该鼓励研究型大学的学生积极投身学术事业，现在是一流大学学生就业，三流大学学生考研，不利于培养学术人才。 教学要在教材体系、参考书体系和教师讲的体系之间寻找平衡点。 学生学习积极性不高，要从改造社会大环境开始。 教学与研究要加强与社会的联系，要有更强的社会适应能力。
LD	价值：本科阶段是人生观形成的最佳时期，重在帮助学生学会做人、提升素养、形成信仰。 定位：把知识作为载体，培养学生的科学思想。	理解：跨学科的融合，实现学习上的学科交叉，给学生选择的权力，给学生宽广的学科知识基础。 问题：著名教授不教本科；好多教师只是知识的"二传手"，难以促进学生的知识建构。	建立助教制度，加强有经验教师与年轻教师之间的交流。 著名教授要执教低年级基础科目，某一领域的专家教高年级的专业科目。 基础课教材变革要经过几轮的试教，要有可读性和可接受性。 教师教学中要通过一些具有文化性、思想性案例开发来启发学生的思想与文化意识。

X	价值：完成专业上的基本训练，包括思维、兴趣和方法。 定位：促进学生成为一个和谐的人，是人的共性与个性的和谐，大学教育是素质和谐教育。	理解：高深学问是一个具有历史性的相对概念，知识建构如同金字塔，高深学问是塔尖，只有少部分人可以学习与理解。 问题：课程结构不合理，有限时间内让学生学习许多无用的课程；懂教学的老师太少。	大学要把大师主题系列讲座作为重要课程，让学生自由学习。 教师讲课应重视知识背景的东西，把科学家的思考揭示出来。 学生在课堂上获得的知识远没有在自由讨论中来得深刻。 大学要让学生在自由的学术氛围中感受思维和方法。 教育作为批量复制的过程很难满足学生的个性学习需要。 教材要体现学科的基本结构和学术成果，不能太个人化。 知识面宽、乐于投入精力、事事为学生着想，是一个教师的必备条件。
S	价值：给学生广阔的学术视野；给学生一种专业定向；给学生一种专业的根基。让学生领略大学精神和大学文化。 定位：通识教育和职业生涯教育。帮助学生找到适合他的未来道路，实施分流。	理解：大学课程是学科整体的知识结构，包括一个专业的课程体系和课程结构。狭义的课程是具体一门课的开发。大学课程具有很大的专业差异性，传统的老牌专业需要多继承，新型的应用专业可以多创新。 问题：大学教授重视教材建设、教学设计、教学管理与评价，但不重视课程理念的建立与课程目标的确定。	专业教育重在培养学生服务社会的精神、职业意识和服务能力，以及责任感与使命感。 大学教育最基础的是学生的学习问题，学习方式要转变，学习能力要培养，学习兴趣要激发，学习动机要强化。 课程教学是一个整体结构，每一个环节都要从学生的需要出发。 课程开发需要大师级专家组织团队进行。 教学中的科学、技术与艺术是真善美的统一，这种统一是提高教学质量的保证。 越是高端的课程越要与科研相结合，需要围绕学科前沿展开。
GF	价值：给学生一种思辨的方式，一种思考和理解问题的方式，特定的学科背景为学生提供终身发展的模式。 定位：本科教育是打基础的地方，包括知识观、价值观在内的很宽的基	理解：每个学科都有专业性思维和逻辑，是学科安身立命的根本。专业课程的重点是引导学生形成特定的专业思维，主要是通过历史的、哲学的、方法的训练实现的。教学是学科研究	老师的教学主要是启发学生的思考。学生从与教师的交往、同伴的互动中获得的东西更多。 基于研究的开放性教学实际上可以把学习的主动权给学生，让学生把自己的探索融入学习中来。 系列讲座可以在学习方法、思考问题的方式、研究思路方面给学

础。是把学科知识看成一个未完成的、需要不断探索的体系，并需要学生用自己独特的方式去推进和完成。本科教育要为学生的终身发展和可持续发展服务。	的再学习和再开发过程。 问题：大学教师缺乏课程开发意识，也没有经过专业训练，大多是你有学问就能讲课。在大众化条件下是一个严重问题。这种学科本位的教学已不适应当代本科教育要求。	生提供示范。 围绕课题进行写作的任务驱动式研究性学习，是文科教学中主动的、个性化的学习方法。 教学中教师的作用主要是提出要求、重点指导、加强点评。 要倡导不同风格的教学，这种宽松的环境可以为学术发展提供无限的可能性。 教授要重视新生研讨课，既给学生一种学科的全貌，也将学生吸引到学术研究的殿堂中来。

3. 被访教授对当前大学课程制度的批判综述

被访谈的这些教授，在阐述自己观点的同时，对当前研究型大学本科课程的现状大多表达了批判的态度，主要表现在以下几个方面。

一是本科教育定位混乱，目标模糊。教授们普遍把本科教育定位为基础教育、人的素质教育，但现实课程体系中通识教育的比重很低，且存在形式主义问题。关于通识教育的重要性，J 教授认为，高中毕业生选择专业是很盲目的，他们根本没有判断这个动态社会发展的能力，早早的专业定向不利于学生的发展。S 教授认为，学生 18-23 岁上本科，还是一个走向人生成熟的时期，通过教育创造多种机会使他们明晰未来方向是课程责任，但现在缺乏这种意识。针对大学追求就业率的现状，J.M.N 指出："大学不应该仅仅把课程狭隘地聚焦到'为职业而进行培训'。考虑到职场的不断变化以及对于创新的不断需求，这样的'培训'将会很快地过时。我们不应该去'培训'学生，而应该去广泛地培养学生的思维、批判及行动等方面的能力，并且，要从一种未来的视野，而不仅仅是从当前的视野出发来展开教育。"在科研与教学的关系上，LJ 教授明确指出："大学的产品是学生，不是科研成果，不是获奖，也不是文章。但是我们好多大学都偏离了这个方向。"

二是课程结构不合理，缺少整体性。X 教授说："学生本科四年，去掉假期、实习期，没有多少学习时间，但是在所学的课程里，现在课程缺少整体设计，学生在外语等公共课花的时间较多，还开了好多对学生发展没有意义的课。"T 教授认为，课开得太多，作业也多，学生没有空闲和玩的时间，没有思考的时间，不利于学生批判精神和创造力的培养。大家普遍认为，当前大学课程选择空间有限，不能满足学生多样需求。LJ 教授着眼于知识与学生的关系进行考察，认为现在的课程设计太强调知识体系，很少考虑学生的差异，个性化教学是专业性教学的前提，要让学生明白自己擅长什么，喜欢什么。现在很少这么做，所以好多学生成为课程的牺牲品。GF 教授针对大学教学过多重视知识本身的缺陷，明确提出："大学教学重要的不是帮助学生掌握一堆知识，而是让学生形成灵气，形成特殊专业必须的学养。这需要在和发现问题、解决问题的科学研究中形成。"S 教授表达了同样的观点："课程观要立足于学生的学，而不是老师的教。课程不是一种知识的传授，而是学生学习的一个舞台，一个环境，然而现在课程管理制度有点封闭、有点死板，没有服务学生的学习。"这些思想从不同层面揭示了课程体系整体性的缺失。

三是教材建设滞后，没有核心理念。X 教授以地质专业为例，认为普通地质学教材编写的年代比学生的年龄都大。T 教授说："编一本好的教材实际上比写一本专著要难得多，但对它的评价还抵不上两篇论文。"GY 教授说，许多教材都很老了，但教授都不愿意花精力做这个事。现在很多教材都是摆设，教学主要以教师的讲义为主。J 教授说他的教学没有教科书，因为教的东西没有好的教科书，讲的不全是自己科研的东西，自己科研的东西只是作为例子来解释一些道理。S 教授基于大学课程开发科学性诉求，表达了自己的忧虑："大学课程从研究到开发、评价、管理的知识，很多大学教授不懂，他们都是凭经验，或是一代代传下来的方法，难能保证质量。传承不好会产生断层，更谈不上创新。"在教材编写需要课程理论指导的问题上，GF 教授认为："大学不太重视课程开发，一个方面大学教师没有这方面的训练，同时也没有这种意识，尽管他在做课程开发的事情。现在就是你有学问你就可以讲课，你做研究有制高点在教学上也就有话语权。其实是很奇怪的事。"他同时认为，研究做得好可能局限在一个很窄的学科面上，很深入，但是专业课的教学，需要在面上开发课程资源，要给学生一种整体的知识面貌，对老师来说是一个研究和开发过程，是一种挑战，需要投入很大的学术精力。J.A.D 教授介绍了美国一些大学的做法：在美国的研究型大学有一些机制，激励教师来开发他自己的课程。教师会申请一些项目基金，可以一个学期的时间不用上课，用来开发新的课程或对已有的课程进行完善。有的大学把教师是否开发或提高自己的课程作为晋升的重要考核指标。

四是教学管理不科学，教师教学水平有待提高。X 教授指出："当前大学文化中功利性的东西太多，好多人忙于其中无心教学，糟糕的教授大有人在。"LD 教授说："招生宣传的时候总是说有多少院士、多少教授，学生进了学校总是抱怨看不到他们崇拜的这些人。""就课程来说，下面是基础部分，上面是专业部分。基础部分比较宽，适合资深教授任教，专业部分比较窄，适合年轻同志任教。现在是反的。"T 教授说出了同样的问题："现在教本科的教授地位比较低，不教本科的人反而很神秘，所以好多教授都不愿意教本科。"关于教授不愿意将精力投入教学的问题，H 教授认为，现在对教师的评价机制有问题，教学是个无底洞，需要花时间、花精力，但对职称晋升等没有什么用，而科研成果则是显性的，原因则在于管理，"许多教学管理很不专业，经常让一些搞政工的人为有关学科专业决策投票，他们对专业的东西根本不懂。教学需要那些真正懂科研与教学的人来管理。" GF 教授立足于大学的变迁，分析道：当代大学科研的组织加强了，但教学的组织大体上是瓦解了。以前的教学组织是很好的，有教研室，下面有教学小组，有助教跟着老教授听课，助教要上讲台先要试讲，还有老教师跟着。现在这种制度消失了，教学质量也就大打折扣。LD 教授表达了对助教制度的怀念，同时指出了助教制度对于教师教学水平提高的意义："课程主要是靠老师去教的，现在助教制度基本上废了，有的学校暂时保留一些，也就是帮你改改作业，这哪是助教。没有助教制度，教学经验传承与交流的链条就断了，每个年轻教师都是在摸石头过河，都在自己积累经验，有的教学问题碰上了就碰上了，碰不上就一辈子都碰不上，等你经验积累到很丰富了，也就该退休了，效率非常低。教学中的问题很多，包括一些著名大学。"

五是考试评价思路僵化，难以反映真实水平。T 教授指出："现在学生各种各样的证书考试太多，浪费学生很多精力，而学科考试往往考前复习一下、划个范围，考试流于形式，对学生没什么帮助。"教育质量取决于教学过程的质量，但学校一向对教学过程缺乏监控和指导，对此，J.M.N 认为："教育过程的质量体现为院系与教师在何种程度上参与到研究活动和社会服务活动之中。只有当教育者把真实生活的经验和学科领域中的研究带给学生，理论才会变得'鲜活'。这就使得大学教育的学术部分与学生的真实生活产生了联系。要让学生因为卷入到研究和社会服务活动中获得一些学分，且成为大学课程的组成部分。"J 教授认为，现在所有的评价机制都不能深入科学技术的细节，好多数字指标都不能评价科学技术水平本身，只能提供次要的信息。J.A.D 强调学生经历的发展意义，他说："专业是环境的一部分，最关注的是教师与学生之间的互动，在互动中激发学生的学习热情。"对此，J.A.D 强调了教授在课程评价中的主体地位："在研究型大学，如果要进行课程改革，必须要得到教授的认可。只有教授认为值得去做，才能取得成功。否则的话，改革就很难推动。课程评估的主体是教授，院系的一些考核也是以教授为中心的。"但是在现实的课程秩序中，学生的主体需要没有成为评价诉求，教授的主体地位也被遮蔽。

五、当代高深学问秩序的失调与重构

博耶在卡内基教学促进基金会著名报告《学院——美国本科生教育的经验》中，分析了本科教育中存在的八个冲突问题：从中学到学院的过渡、教育目标与课程、教师工作的重点、教与学的状况、校园生活的质量、学院的管理、成果的评价以及校园与外部世界的联系。报告认为，从中学到大学的过渡是无计划的、混乱的，学院教师对学生的期望与新生的学术准备之间存在着矛盾。许多入大学的年轻人缺乏读、写、算的基本技能，而这些基本技能又是获得成功的必要前提。教师没有准备也不愿意教补习性课程。许多本科生学院由于争抢学生以及为市场需求所驱使而失去了使命感。他们对自己的使命模糊了，搞不清如何灌输高等教育和社会借以生存的共同的价值观念。学科变得支离破碎，本科生们感到很难在他们的课程中看清范例，而且也很难把他们所学的与实际生活相联系。学院似乎是在一个以多样性而非以共同性为指导原则的世界中寻求意义。强调技能训练的狭隘的职业主义统治着校园，对于有不同兴趣的行政管理人员、教师和学生来说，不可能就本科生教育的根本使命取得一致意见。教师对工作的忠诚被割裂开来，教师的晋升和终身雇佣地位的取得都系于科研和著述，而本科生教育则要求教师致力于学生和有效的教学，教学与科研之间无法取得有效的平衡。教师抱怨学生被动，在许多教室中缺乏生动的思想交流。校园中学术生活与社会生活是相互隔离的，有时竟达到了完全割裂的程度，许多教师和学术管理人员远离学生生活，而且对他们在非学术问题上的职责似乎感到含混不清。在高等教育的复杂性增加的时候，院校长们陷入了相互冲突的由各种压力构成的交织网中，学生、教师和行政管理人员不能通过更好的交流建立起社区。学生的学术进步是由各个教授逐课进行评价的。成绩只是履行公事般地记录下来，成绩的最后标志是证书，一份证书就代表着一个受过教育的人。学院很少有对整体教育质量进行评估的方法。在学院和外部大世界之间存在着一条鸿沟，在学术和社会方面的孤立会导致学院教育效果的降低并限制学生的视野。（欧内斯特·L·博耶，2004）[74-76] 博耶研究报告的观点与被访教授的观点基本一致，反映了当代大学高深学问秩序的失调。

1. 秩序失调导致教育质量降低

乔治·D·库恩指出，有关高等教育的认识中，在知识分子、政府官员、高等教育研究者和其他社会人士之间所达成的极少数共识之一，就是本科质量不高。对此，他列举了许多观点。许多评论家对大学生提出了批评，指责当今的大学生是爱发牢骚、以自我为中心、对政治漠不关心、对职业前景感到迷茫、物质至上的一代。但许多评论者认为大学教育质量问题不应只由大学生负责。有人指出，学院和大学办学效率低下，把工作重点放在了错误的事情上，许多大学为了创收而招收不合格的学生。大学的课程体系杂乱无章，毫无关联性，像网球入门、约会技巧以及文化多样性研究班课程都可以纳入课程，授予学术性学分，这无疑会降低课程体系的学术质量。教师不得不面对教室里心不在焉的学生上课。四分之三的院校都不得不向学生提供补习课程，约 30%的学生要上一门或一门以上的补习课程。有些人认为，不合格的大学生所占比例之高让人难以接受。对这些批评特别敏感的是那些大规模的、组织结构复杂的研究型大学。有人声称，这些大学的学生毕业时的典型特征是：不知道如何进行逻辑思考、流利地书写，或流畅地表达。（乔治·D·库恩，2007）[227] 也许正因为现有课程秩序与学生需要的冲突才影响学生整体素质难以达成预期目标。

艾伦·布卢姆尽管让我们感觉到，他是一个地地道道的"永恒教育"的怀旧者，但他对大学生现时学习环境导致不读书的担忧，却让我们看到了大学教育的现实矛盾与问题。他说："电视体察入微，力道十足，不但登堂入室，而且摸透了老老少少的口味，投其一时所好，颠覆了一切与之不相符的东西。尼采说过，报纸取代了现代资产阶级生活中的祷告，这意味着忙乱、廉价和短暂之物替代了他的日常生活中沉积下来的永恒之物。如今电视取代了报纸。"（艾伦·布卢姆，2007）[14] 所以，大学赖以生根的土壤更加贫瘠了，而今，把经典著作和学生们的感受或切身需要联系起来，已经变得难上加难，"失去典籍，使这些人变得更加狭隘和平庸。说他们狭隘，是因为他们缺乏生活中最必要的东西，即不满于现状、意识到还有其他选择的真正依据。他们得过且过，对逃离这种境况感到绝望。超越的渴望日益淡化，崇敬的榜样和轻蔑的对象都已消失得无影无踪。说他们平庸，是因为缺少对事物的解释，缺少诗意或活跃的想象力，他们的心灵能洞察人与人之间、人的行为与动机之间的细微差异，形成真正的口味，而缺了伟大典籍之助益，心灵的陶冶是不可能的。"（艾伦·布卢姆，2007）[16-17] 布卢姆的哀歌正是高深学问课程的困境。

博克总结说，学术界内外对大学的批评集中在以下方面：对本科缺乏清晰认识；没有阻止知识不断分化的趋势；牺牲博雅教育迎合职业主义；重科研而轻教学。（德雷克·博克，2008）[13] 他认为评判大学的成败的思路之一是考察教授的行为，因为他们决定了学生的学习内容和方向。"通常情况下，教师和他们的领导们都具备足够的职业责任感，不会对学生视而不见。但是，无论教师还是院长、校长，都确实没有感到必须不断寻求更新、更好的教育方法的压力，也没有体会到应该尽可能提高教育质量的紧迫性。……最终结果是：教师及学术领袖们拥有了相当的自由，得以随心所欲地塑造本科教育、选择讲授内容。"（德雷克·博克，2008）[20-21] 这导致大学暴露出六大问题（德雷克·博克，2008）[21-32]：一是教授和学生对大学的角色和本科教育的功能有着不同的认识，在教师看来知识不是实现其他目的的手段，知识本身即为目的，而学生很少认为知识本身即为目的，而是更多地将其视为实现其他目标的手段；二是教授们各自为战，缺乏合作，校方组织教师讨论课程设置问题只是为了在"各自为战"的学者之间寻求平衡，通常情况下，本科课程体系是"整体小于部分之和"；三是探讨课程问题过程中，没有关注本科教育目的，所谓的教育目标只是些美好愿景，对教授来说虽然在理论上认同教育目标，但是无人考虑是否有足够的课时实现这些目标；四是在课程体系中过分强调通识教育，结果是，通识课程质量并没有改善，专业课程交由院系自行评估而缺少学校层面的整体评估，自由选修课则完全听由学生自行安排而缺少必要的指导；五是缺少教学方法的研究与更新，对教师来说，改变教学方法比改变教育内容要难得多，课程科目不断增加，教学方法却陈旧不变，教授们对教育研究领域的学术成果也视而不见；六是忽视课外活动，学校往往把课外活动交由行政人员组织与管理，使之与课程教学分离，难以发挥课外学习与课堂学习相互交织、有效融合的作用。

2. 面对高深学问秩序失调的不同态度

美国学者从历史的视角审视当代本科教育存在的问题，实质上是反思"高深学问"课程秩序的问题。尽管我国研究型大学与发达国家研究型大学在办学水平上存在着一定的差距，但由于具有共同的政治经济背景和教育的国际融合，在本科教育中面临一些共同问题。这正是大学课程"高深学问秩序"失调的具体反映。前文所述，高等教育的大众化、数字化生活方式和学习型社会的逐步形成，是大学教育转型的根本原因，这种转型具体表现为由单一的大学教育模式转向多样化的高等教育机构，对研究型大学来说，生源进一步多样化，学生学习取向个性化，基于研究的教学发生"漂移"。在这种转型的过程中，现存的"高深学问"课程秩序已不能适应大学发展的实际需要，失去了协调学生、教师、学校以及社会协调发展的功能，而新的课程秩序还没有建立，从而导致课程秩序的失调。大学课程秩序失调直接表现为三点。一是教育价值取向的多元化。原有单一的"永恒教育"或"进步教育"时期的价值定位不能合理地解释本科教育中的问题，不能适应学生的实际需求，新的共识还没有建立，于是各种教育价值观纷纷出现，造成价值多元的局面。二是本科教育目标的混乱。多元的教育价值取向与各学科相结合，与学生的个性需求相关联，出现了对本科教育目标的多种理解，不同的专业、不同的课程，就缺失了统整性的目标，造成课程成为科目的堆积而不是一个有机的体系。三是管理者和教师以及学生三者之间关系的紧张。这些人员在大学中似乎来自三个不同的世界，管理者的实用取向、教师的学科追求、学生的兴趣需要，在三条平行的道上运行，没有共同的行为愿景，缺少整合的道德理念，产生诸多冲突。

面对失调的"高深学问秩序"，学者们表现出三种态度。一如布鲁姆等怀旧者的失望。他们总是用传统的观念和思路来审视当下的教育状态，不能全面考察教育制度的变迁，希望教育回到传统中去。布鲁姆认为："在所有的机构中，大学最为依赖于参与其生活的成员的最深刻信念。我们目前的教育问题，不能被严肃地归因于管理不善，意志薄弱，缺乏纪律，资金不足，对读、写、算三种基本功的关注不够，或者一般性的解释，说什么只要我们这些教授抖擞精神，事情就能步入正轨。这一切都是对大学的天职缺乏深刻信念的结果。当有人敢于对支撑学术自由的原则提出质疑时，人们不会说我们必须保护学术自由。挺身而出为大学而战是崇高的，但这不过是一种爱国姿态。这种姿态是必要的，对国家也是有益的，但对大学无济于事。归根结底，思想才是大学的一切。今天，对大学的思考少之又少，即使有这种思考，也没有毫不含糊地支持它扮演传统的角色。为了搞清楚我们为何陷入这种困境，我们必须认识到，在最高级的智慧看来，大学的基础已经变得极其令人怀疑。"（艾伦·布卢姆，2007）[263-264]这无疑是当代大学的悲歌。二如博克等亲为者的乐观。他们总是用积极的和建构者的态度面对教育中出现的问题，他们维护传统大学理念，也能面对现实问题，他们偏向于肯定大学的现实合理性。博克指出：那些对大学的批评意见，大多偏离了真正重要的教育主题，相反总是把注意力集中在更吸引眼球的话题上，如学生、教师、大学领导，"因此，这些批评性文献所展示的不过是一幅漫画，而不是当代美国高校的真实写照。"（德雷克·博克，2008）[33]他认为本科教育质量下降的说法缺乏历史依据，"这一轻率的判断不过是基于对所谓'黄金期'的过高评价"（德雷克·博克，2008）[17]，也没有证据表明大学教师对本科教学的关注度在降低。三如鲍曼等否定者的坦然。他们肯定大学传统的辉煌，正视大学面临的问题，能够用一种新的思维理解大学，重建大学的社会意义。鲍曼指出："如果说现代性抛弃了'永恒年代'的意义，那么我们可以说，后现代性抛弃了'进步时期'的意义。游离于永恒和进步双重废墟之间的时间片断，无情地否定了我们逐渐建立起来的、关于大学的标志性的认识，即大学是'人们相聚一起探寻高深学问的场所'。被否定的，不仅仅是终身教职的制度，更有这个制度所蕴含的思想和对美好未来的憧憬——那种经历，就像美酒一样历久弥香；那种技能，就像造房子一样，是逐步累积起来的；那种声望，就像储蓄一样，保存时间越久，产生的利息就越多。"（齐格蒙特·鲍曼，2010）[37]然而，在当代大学悄悄溜出纽曼设计的"庄园"之后，走向了村镇、工厂、兵营，迷失在大众的日常生活之中，又怎能找到回家的路呢？比尔·雷丁斯（Bill Readings）把现代大学描述为"在废墟上栖居"，他认为："我们必须把大学看作一个废墟化了的机构，已经失去了存在的历史根据。"（比尔·雷丁斯，2008）[18]诚然，面对大学的"高深学问秩序"失去历史根据时，我们不应是"悲伤哀悼"，而应看到大学存在的现实合理性，重构当下的大学课程秩序。

3. 大学课程秩序重构的路径

秩序重构是通过制度重建实现的，包括正式规则的设计、非正式约束的更新以及二者实施方式的变革，而重建行为又受特定价值观的支配。因此，就大学课程秩序重构来说，其途径主要包括如下四点。一是重建课程价值观。

价值观是大学课程秩序重构的精神内核，是民族和社会在一定时代大学教育思想的集中反映，包括课程设置的指导思想、理想、信念等。科学合理的课程价值观念将会指导学校和教师处理好学生个人需要、学科发展需要与社会需要之间的关系。在本科教育转型过程中，课程价值观念的转变具有一些明显的特征，如培养目标的差别性、课程标准的相对性、教学行为的变革性、学生发展方向的自主性等，迫切需要进行价值整合与重建，以引导大学课程秩序。二是整体优化课程结构体系。大学课程结构体系是大学课程得以实施的基本规范体系，是课程正常运作的基本条件，是课程秩序建构的主体也是课程秩序的制度保证。在某种意义上课程失范必然导致课程秩序失调，也就是说重建课程秩序的主体则是重建课程规范体系。在教育转型中，课程结构体系的主要问题是没有统一的目标、结构性不强、设计思想多元、课程开发者各自为政等，课程规范的重建关键在于强化大学的整体性、结构化，体现共同的课程观、学生观、教学观和质量观。三是加强课程实施过程变革。稳定的大学课程秩序总是体现在课程实施的过程之中，课程实施体现着课程秩序的实践特征。课程实施包括教学、科研、社会实践、社团活动等诸多行为，在教育转型中，课程实施的问题在于不能适应知识内容变更与学生学习方式变迁的需要，长期以来没有发生明显的变化。重建课程秩序需要推动课程实施方式变革，运用最新的教育科研成果，引进先进的信息化教育技术手段，创新教学方法，改进教学行为，引导学生自主探究学习，提高教学过程质量。四是推动校园生态文明进步。学校生活中一些非约束性的规则是课程制度的重要组织部分，影响着课程秩序的和谐。这些非约束性规则包括校园文化活动、学校传统、校园生活规范、校园自然生态、一些行为公约等，它们构成了校园的生态环境，是对学生发展产生重要影响的隐性课程。在新课程秩序建构的过程中，要保护那些体现学校自由精神的生态元素，继承那些成为学校历史标记的传统文化，引进鲜活的社会文化资源，推动校园生态文明的进步。